潮流收藏 就看这一本

先看本书再出手

南红玛瑙

收藏投资指南

玩文天下 高级顾问 王鹏伟 创始人 迟锐 编著

于鸿雁老师 倾情推荐

時代文藝出版社

图书在版编目（CIP）数据

南红玛瑙收藏投资指南 / 王鹏伟，迟锐编著．--
长春 ：时代文艺出版社，2015.4

ISBN 978-7-5387-4751-5

Ⅰ．①南… Ⅱ．①王… ②迟… Ⅲ．①玛瑙－收藏－
中国－指南 Ⅳ．①G894-62

中国版本图书馆CIP数据核字(2015)第076183号

出品人 陈 琛
产品总监 郭力家
项目策划 紫圖圖書 ZITO
丛书主编 黄 利
监 制 万 夏
责任编辑 杨 迪
特约编辑 宣佳丽 路思维 彭艺琳
装帧设计 紫圖圖書 ZITO

南红玛瑙收藏投资指南

王鹏伟　迟锐 / 编著

出版发行 / 时代文艺出版社
地址 / 长春市泰来街1825号　时代文艺出版社　邮编 / 130011
总编办 / 0431-86012927　发行部 / 0431-86012957　北京开发部 / 010-63108163
网址 / www.shidaicn.com
印刷 / 北京瑞禾彩色印刷有限公司
开本 / 889毫米×1194毫米　1 / 16　字数 / 137千字　印张 / 11.5
版次 / 2015年5月第1版　印次 / 2015年5月第1次印刷　定价 / 88.00元

图书如有印装错误　请寄回印厂调换

↘浅刻丹凤朝阳南红手镯。此件作品选材极为考究，南红大料较少，无绺裂、色泽红艳者更是凤毛麟角。南红手镯本已很是鲜见，如此佳品更是百里无一。

前言

文玩市场新宠——南红

众所周知，玉文化在中国古代史的发展进程中占据着颇为重要的地位，玉的色彩和品质与中国古代所倡导的文化情怀和审美意识相契合。玉石洁白温润的色泽与那种宁静、清雅的人文气质相呼应；而色彩斑斓、纹理变幻的玛瑙能带给人的却是丰富多彩、欢乐吉祥的意境。不管是何种玉石，人们总是对它们灌注了内心世界的情愫，这也许就是玉文化在中国历史发展中经久不衰、深入人心的根本原因。

自然界五彩斑斓的玉石有很多，温润的羊脂白玉、深沉纯正的蓝色青金石、浓艳鲜明的绿松石和孔雀石等等，但提到“南红”，相比于和田玉等知名玉石，人们对它往往知之甚少。近年来，由于南红的市场热潮高涨，人们对这个名词开始逐渐关注起来，有的人甚至达到了痴迷的程度。

在中华文化几千年的历史长河中，迷人的南红神秘莫测，是大自然创造的奇迹，很多收藏爱好者为南红惊艳的色彩、奇幻的纹理所折

服，逐渐将收藏的目光聚集在南红上。这朵在清朝乾隆时朝一度绝矿的玉石之花，在众人的关注下重新走进了文玩收藏的世界，也让诸多玉雕名家拥有了新的创作灵感。

本书是目前国内市场上最新、最全的南红投资收藏指南，全方位详解了南红的产地、种类、挑选、收藏等知识，所涵盖的内容极具实战性，揭露了南红行业最怕顾客知道的内情，点破售卖假南红、伪老南红商家的猫腻，提供选购靠谱实用的真假辨别方式。除此之外，书中的图片全部都是从一手市场实物拍摄所得，既有大众款，又不乏精品，足以满足所有南红爱好者的需求。相信看完本书后，南红初级玩家可以长知识，资深行家则能长眼力。

感谢琢境在本书编排过程中给予的支持与帮助，提供了大量的精美南红艺术品，为本书增色不少。感谢牟子尘与任宁为本书拍摄了大量的图片。同时，希望本书在您挑选南红艺术品时给予您一些帮助。

↘ 保山南红珠链，此件珠饰通体一色，所选南红颜色润红，质地厚实无水感，较为难得。

目录

入门篇

第1章 说南红 / 2

第一节 中国红：最是一抹中国红 / 3

南红名称的由来 / 3

南红玛瑙的历史传承 / 4

南红朝珠 / 7

第二节 南红的特质 / 13

第2章 识南红 / 16

第一节 南红著名产地：云南保山和四川凉山 / 17

第二节 南红的不同天然形态 / 20

水料南红：个小、无棱角、完整度较好 / 20

山料南红：块度较大，外层不规则、有棱角 / 21

火山南红：外观呈蛋形，带有深棕色或铁黑色外皮 / 22

第三节 辨色识南红 / 24

第3章 新老南红的辨别 / 30

第一节 什么是老南红珠子？ / 31

产地 / 32

外形 / 33

孔道 / 36

第二节　老南红，一看孔口，二看孔道 / 37
看孔口 / 37
看内壁孔道 / 38
第三节　巧辩南红玛瑙的做旧 / 39
南红玛瑙孔道和 C 形马蹄纹的做旧方式 / 39
先学“五招”辨南红，再掏腰包买真货 / 44
第四节　新南红的“新”指的是什么？ / 50
第五节　新老南红看包浆 / 51

出门篇

第4章　南红的挑选原则:“红糯细润匀” / 56
第一节　挑选通则：颜色、质地、纹理 / 57
挑选颜色三字经“满、艳、正” / 57
南红质地“二避”：避绺裂、避色带 / 59
南红玛瑙的纹理：缠丝状纹理和火焰状纹理 / 60
第二节　南红以锦红为上，打光后透的都不是锦红 / 64
第三节　判断南红胶质感的二要素：不透光、细腻油润 / 65
第四节　保山南红玛瑙与凉山南红玛瑙手感的区别 / 67
第五节　起荧光的南红更具收藏价值吗？ / 69
第5章　南红的仿冒品 / 72
第一节　南红与红碧石 / 73
第二节　南红玛瑙与烧色玛瑙 / 74
第三节　南红玛瑙与料器 / 76

第四节　人工染色南红玛瑙 / 77

第五节　南红玛瑙的注胶工艺 / 78

第6章　南红原石选购 / 82

第一节　无皮原石选购——看裂、辨色、掂量 / 83

第二节　原石的打磨加工 / 84

第三节　赌石选购 / 85

铁皮料 / 85

风化皮料 / 86

红皮料 / 87

怪皮料 / 87

第7章　雕南红 / 90

第一节　南红的雕刻工艺 / 91

浮雕 / 91

圆雕 / 92

透雕 / 93

线雕 / 94

巧色俏色 / 94

第二节　南红的题材内容及寓意 / 96

南红玉雕人物 / 96

南红玉雕花鸟走兽 / 97

南红玉雕山水 / 98

南红玉牌 / 98

南红器皿 / 98

第8章　市场升温品种：战国红 / 110
第一节　战国红是玛瑙吗？ / 111
第二节　战国红玛瑙的挑选 / 113
战国红手串的挑选 / 115
战国红雕件的挑选 / 124
第三节　战国红的市场行情走势 / 128
第四节　当下流行的其他玛瑙品种 / 130

实战篇

第9章　南红的投资与收藏 / 138
第一节　为什么南红值得投资？ / 139
第二节　南红投资收藏三要素 / 141
第三节　如何投资南红玛瑙？ / 142

第10章　南红的保养法则 / 148

第11章　赏南红 / 152
第一节　保山南红赏析 / 153
保山水料南红：质地细腻、透明度较佳 / 153
保山山料南红：油脂感强、绺裂较多 / 154
第二节　凉山南红赏析 / 155
第三节　金沙江南红赏析 / 158

附录　南红收藏圈术语 / 162

入门篇

南红，色彩娇艳的玉石之花，红得端庄而不浮华，以温润的光泽、奇幻的纹理赋予了众多玉雕名家新的创作灵感。

第1章

说南红

美丽的女子称为“红颜”，有一种玉比“红颜”还娇艳，它质厚温润、体如凝脂，红得夺目耀眼，却不失端庄大气，这种玉就是——南红。

第一节

中国红：最是一抹中国红

南红名称的由来

南红玛瑙在我国有着悠久的历史，最早可以上溯至战国时期。那时，西南边地的少数民族十分活跃，由于贸易通道的开放和中心地区都市的兴起，边境的人们已经能够自行生产一部分南红玛瑙作为装饰使用的奢侈品了。

根据考古发掘记载，位于西南边地的民族通道的石棺中曾经出土了大量的由当时当地人们自己生产的红色玛瑙珠子，从照片来看，很可能其中就包括了如今所说的南红玛瑙。不仅如此，在中国许多历史时期中，都出现过南红的影子，特别是在游牧民族的佩物当中，南红饰品屡见不鲜。

相对于南红玛瑙悠久的历史来说，它的名字是崭新的。“南红玛瑙”这个称谓并不像现在这样普遍，很多售卖古珠的商家只称其为“红玛瑙”，并没有进行称谓上的区分，“南红”是近几十年来收藏界逐渐认可的一个称呼，是对产自中国西南部的一种颜色艳丽、观感润泽浑厚的特定的红玛瑙的统称。人们在长期的收藏和鉴赏过程中，因南红玛瑙的出产之地居于南，色彩以红色为主，故冠之“南红”，恰如其分地将南红那种让人们为之倾倒的色彩特征体现了出来，久而久之，这一称谓也就成为了行内通行的叫法。

这种色泽艳丽且温润的奇材，在我国云南省、甘肃省、四川省均有出产，但产量很低，特别是高品质的南红更是罕见。历史上，云南保山出产的南红最为常见，数量也相对多一些。

南红玛瑙的历史传承

南红是一个有着千年历史的高端玉石材料，但由于优质南红一度在近代绝矿，因此，曾经许多人对南红比较陌生。近年来，伴随着南红市场热潮的高涨，我们对南红开始熟悉起来。

在距今 3000 年前的成都金沙，一群三星堆战争的胜利者、一群来自于遥远的黄河下游泛良渚文明失去家园的流浪者、一群可能是闪米特人后裔的中亚西亚游荡者和一群印巴次大陆的贸易者，共同创造了中国最为灿烂的青铜文明之古金沙国。某日，有位金沙国的能工巧匠沿用了三星堆先民使用贝币的传统，制造出了当前存世最早的一件南红制品——南红贝币，这枚贝币现在被保存在古金沙博物馆中。

时间流淌至距今 2500 年前，伴随着古金沙国的神秘消失，同样神秘的古滇国却慢慢兴起，而南红玛瑙的使用几乎贯穿了整个古滇国 500 年的历史。

南红贝币颈链（图片提供　周振刚）

↘清代老南红配水晶（图片提供　周振刚）

在第三代古滇王国的最高统治者眼中，南红是平淡生活中的一抹艳丽色彩，他要求匠人用南红雕刻甲虫和牛头，并将这心爱的玩物带进了石寨山墓中。除此之外，南红还被制造成各种各样的长素管，有的甚至采用了来自古印度河谷的蚀花技术，制作成了鲜艳美丽的南红珠被，是如“玉柙”（玉衣）一般的奢侈品。

古滇国灭亡后，南红这种材质却在现今的中国云南地区保留了下来。迄今为止，我们所知的古滇国最早的南红珠是扁圆状的多棱珠，而实际上，这种扁圆的南瓜形制最早见于古埃及，在我国，这种形制的南红珠的历史可以追溯到战国时期，在明清的琉璃珠中较为常见。

后来，南红作为深海红珊瑚的替代品正式走上藏区的舞台，由于藏区使用的红珊瑚全部为所谓的“倒枝珊瑚”，只产于日本海峡和中国

↘当代藏式算盘珠形手串（图片提供　周振刚）

台湾海峡，贸易的相对困难加上珊瑚本身材质的珍贵决定了红珊瑚只是属于藏区高层人士的奢侈品。而广大的藏民同样需要这些红色的饰物来寄托情感，于是，南红便以批量的形式真正登上了历史的舞台，成为了众多信徒的随身配饰。伴随着清晚期南红矿藏的枯竭，这种批量制作南红珠子的模式才基本结束。

南红玛瑙的使用历史悠久，战国时期的贵族墓葬中已经出现了南红玛瑙的串饰，云南博物馆馆藏的古滇国时期的南红饰品、北京故宫博物院馆藏的清代南红玛瑙凤首杯，这些都是研究南红玛瑙制品、南红玛瑙雕刻件等宫廷碾玉的实物资料，具有非常重要的历史价值和艺术价值。从这些馆藏作品可以看出，南红是极为稀少的珍贵材料，我国历朝历代对南红都非常重视。

随着近年来四川凉山地区高品质南红玛瑙矿的发现，收藏级别的南红玛瑙作品又重新回到收藏界，也重新掀起了南红玛瑙收藏的热潮，得到了众多藏家的关注。

南红朝珠

在清代，朝珠是象征着等级地位的一类珠子，它不仅在制式、尺寸上有着严格的要求，甚至在材质的选择和串配方式上也是如此。以南红玛瑙为材质的朝珠到底存不存在，一直是个饱受争议的话题，在讨论这个问题之前，我们先了解一下有关朝珠的问题。

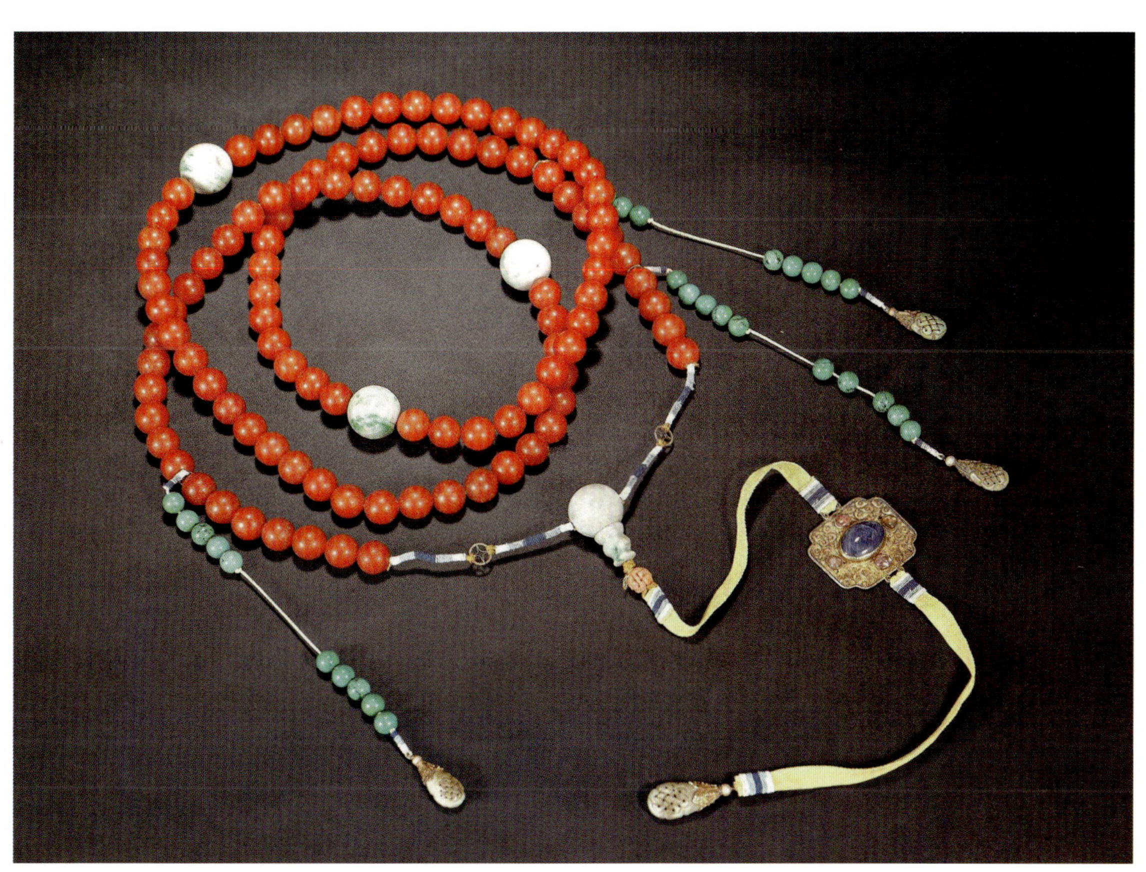

朝珠是清代宫廷独特的装饰品，象征着佩戴者的社会地位。

↘“欢喜”南红玛瑙绿松石108粒佛珠及手钏（一套），北京荣宝拍卖行2014年6月15日，拍品号1492，预估价2万元—3万元拍出，成交价2.464万元。

↘南红玛瑙项链，北京保利拍卖行2014年6月5日拍出，拍品号6821，预估价50万元—58万元，成交价57.5万元。

↘南红玛瑙雕渔家乐，北京翰海拍卖行2014年10月25日拍出，拍品号1687，预估价18万元—25万元，成交价20.7万元。

朝珠是清代宫廷独特的装饰品，象征着佩戴者的社会地位，不同材质的朝珠代表不同的社会等级。清代时期，王公以下，文职五品、武职四品以上及翰詹、科道、侍卫、公主、福晋以下，五品官命妇以上才得佩用朝珠。

从朝珠的演变来说，古时的满族人有“令珠计岁”的风俗习惯，每年年初增加一枚珠子悬挂在额头前，人死后与所佩戴过的珠子一同入葬，除此之外，当时的奖励机制也与珠子有关，对氏族、部落有特殊贡献的人通常以珠子作为最高嘉奖。由此可见，用珠子表示身份及地位是满族人固有的风俗习惯，或许这也正是珠子演变成为朝珠的主要原因。

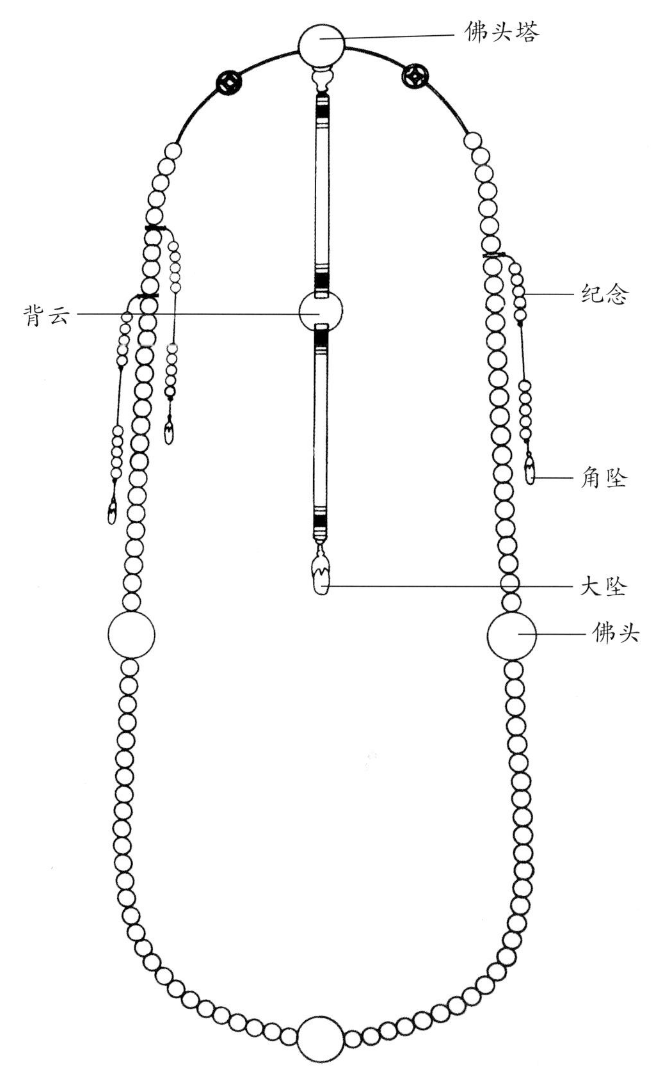

朝珠结构示意图

朝珠由108颗珠子贯穿而成，由身子、佛头、背云、纪念、大坠、角坠六部分组成。108颗穿成的主体部分称之为“身子”，每隔27颗加入一颗不同材质的大珠，将其称之为“佛头”或者“分珠”，将朝珠四等分。“佛头”为四颗，颜色大小均要一致，寓意四季。位于朝珠顶部的那颗佛头，连缀有一塔形“佛塔”，将朝珠两端合二为一，由此延伸出绦带，绦带中段系有一块宝石大坠，称之为“背云”。背云以下的绦带末端坠有宝石的“大坠”，佩挂朝珠时“背云”紧贴后背。佛塔两侧又有三串小珠，每串 10 粒，称之为“纪念”，末端有“坠角”，佩挂时一侧坠两串，另一侧坠一串，男子佩戴时将两串“纪念”置于左，女子佩戴置于右。

作为清代时期最主要的装饰，朝珠的使用在《清史稿·舆服志》中有明确记载:“皇帝用东珠一百有八，佛头、记念、背云、大小坠杂饰，各惟其宜，大典礼御之。惟天祀天以青金石为饰，祀地珠用蜜珀，朝日用珊瑚，夕月用绿松石，杂饰惟宜。”又有文字记载:“皇后、皇太后朝服朝珠三盘，东珠一、珊瑚二、吉服朝珠一盘，均为黄绦。皇贵妃、贵妃、妃朝服朝珠三盘、蜜珀一、珊瑚二、吉服朝珠一盘，明黄绦。嫔朝服朝珠三盘、珊瑚一、蜜珀二，吉服朝珠一盘，金黄绦。”从中我

藏族人念珠上配饰的南红珠子以及头饰上的南红珠子，多源于少数民族的饰物，真正源于朝珠的极少。

↘保山南红勒子。勒子是一种造型独特的装饰珠，在老南红珠饰中也常见此品种的珠子。此件作品巧借勒子之形，珠体雕琢仿古纹饰，色泽红艳，质地坚实，属保山料中较为优质的品种。

颜色深浅不一的南红手串，颜色越艳丽，价格越高。

们可以看到，皇室所用的朝珠材质中对南红玛瑙甚至是玛瑙都只字未提，并且，从其他的相关参考文献来看，玛瑙材质的珠子与我们所见的南红在表象上有一定的差别，由此可推断，清代时期以南红玛瑙制作的朝珠极为鲜见。

清代时期，玛瑙材质中的东红玛瑙使用较为广泛，用其制作一些带有吉祥寓意的雕刻小件，作为帽正或者坠饰使用，在民间的一些饰物上非常常见。而清代民间饰物中，很鲜见南红的踪迹，但在此时期的少数民族饰物中则处处可见南红，现在能见到的明清时期的老南红珠子多源于这些民族，而真正源于朝珠的可谓凤毛麟角。

Tips

什么是东红玛瑙？

东红玛瑙是指天然含铁的玛瑙经加热处理后形成的红玛瑙，又称为“烧红玛瑙”，颜色有鲜红色、橙红色，因早年这种玛瑙来自日本，故取名“东红玛瑙”。

第二节

南红的特质

南红玛瑙，化学成分为二氧化硅，石英的变种，是由二氧化硅沉积而成的隐晶质石英的一种。南红玛瑙的名字是近些年收藏界约定俗成的一种习惯性称谓，这种称谓只是对南红的一部分特点做出了界定和描述，但并未完整地描述出南红的全部特征。

认识南红与认识其他玉石一样，都有一个由此及彼、由表及里的过程。只有通过对比，才能辨出不同南红玛瑙的好坏、优劣。

南红的典型特点就是将夺目耀眼的端庄红色，与体如凝脂的美玉特性有机融合在一起。

↘不同质地的南红会显现出不同的光泽度，由图中来看，左侧的南红玛瑙光泽感较为优质，一般来说，质密则光感强，质粗则光感弱。

通常而言，谈到南红，那夺人眼目的红色往往带给人们跳跃、炙热、奔放的感觉，折射了人们内心的活力与激情。而谈到玉，则更多的是美玉的温润、柔和，带给人们的感觉则是冰清、宁静。二者相比，好像存在着巨大的反差，一动一静，一张一弛，但是南红却将近似于妖艳的红色与晶莹温润的玉石质感浑然天成地交织在了一起，将视觉上的炙热与温润、感受上的奔放与宁静融为一体。所以，当人们将南红与常见的红玛瑙比较后，可以进一步在光泽、肌理、硬度以及色泽等方面为南红做一个完整的描述和定位，南红最典型的特质就在于它将那种夺目耀眼的红色与“体如凝脂，精光内敛，质厚温润，肌理坚密”的美玉特性有机融合，浑然天成，巧夺天工，不愧是大自然的妙笔。正是由于南红这样色彩与材质交融一体的绝妙特质，让人们如同发现了一个全新的梦幻世界，令人为之痴迷。

南红的“质厚温润”是指它结构半透明到微透明的浑厚质感，它的光泽带给人们视觉上的舒适感，这里说的光泽是南红对光的反射能力。南红的质地不同，显现出的光泽也不同。一般来说，质密则光感强，质粗则光感弱。南红玛瑙的光泽带有很强的油脂感，看上去很柔和，给人一种温润感，这正是古人眼里上等美玉才有的“质厚温润”。“体如凝脂”这四个字形象地描述了盘玩南红时油润的手感，贴身佩戴或长时间盘玩后，放置一会儿再次盘玩时，会发现入手依然尚存余温，宛如有生命一般，这种与人亲近的通灵性往往使人痴迷。

第2章

识南红

玉文化几乎贯穿了中国的文明史。在众多美玉品种中，南红可谓是红艳且温润的“玉中之英”，生于深山大泽之中，实乃天地之灵物。

第一节

南红著名产地：云南保山和四川凉山

根据历史记载和实地考证，目前南红的主要产地分布在我国的西南地区，云南保山、四川凉山和金沙江流域均有出产。

明代《徐霞客游记》中有过这样一段描述，徐霞客在云南一个叫做玛瑙山的地方看见悬崖峭壁之中嵌有这样一种玛瑙，其“色月白有红，皆不甚大，仅如拳，此其蔓也。随之深入，间得结瓜之处，大如升，圆如球，此玛瑙之上品，不可猝遇”。据考证，文中的玛瑙山就是现今的云南保山地区。保山是南红应用最早的产地，但因所处地质环境的原因，材质多绺裂，难成大器。清朝中期，保山南红被认为已绝矿，逐渐淡出人们的视线。

四川凉山曾出过一定数量的高品质南红料，弥补了南红矿的空缺，近代的大多数南红玉器基本上都是选自该产地的南红材料。近些年来，

云南保山南红手串，材质表现出强烈的胶质感，通常为亚光，并不进行高抛光。保山南红材质上绺裂较多，大多数保山南红均有绺裂现象，此条手串珠体上绺裂明显。

由保山南红雕刻而成，保山南红色凝重，很早之前就被人类所使用，但多做珠子等饰物。

四川凉山南红玛瑙色彩丰富，跨度较大，此组南红雕刻作品均取材于四川南红。

根据一些南红收藏专家的多次实地考察，遍访西南一带的南红产地，并对出产的南红料的质地、纹理、品相以及出产数量、规模作了详尽的考究，确定南红的主要产地为云南的保山、四川的凉山等地。

云南保山：保山是最早被发现并进行开采的南红产地。保山南红是南红玉雕的传统用料，颜色上乘，但因绺裂较多，难以制作成较为完整或较大形态的玉雕作品，罕有较完整的玉器作品出现。

四川凉山：四川凉山的南红矿是近几年被发现的，该产区的南红品质上乘、完整度高、颜色丰富，是目前已知的最好南红材料的产地。

四川金沙江流域：主要在宜宾发现较多，以小颗粒的水料为主，颜色以粉红色为多。

↘南红手串，不拘一格的糖果形状，适合追求个性的人士佩戴。

第二节

南红的不同天然形态

南红原料因地质环境的不同，材质的外观、质地等天然形态也不相同。根据南红天然形态的不同，可将南红分为：水料南红、山料南红、火山南红。

水料南红：个小、无棱角、完整度较好

在自然界长期风化作用下，南红原生矿剥离为大小不等的碎块，崩落在山坡上，再经冰川、泥石流、河水的不断冲刷、搬运而形成光滑的鹅卵石形态，并由河水（洪水）带到山下的河床中，其形状各异，完整度较好。

水料南红常见于金沙江地区，虽然金沙江并不是南红的产区，但由于一些特殊的自然原因，云南、四川的南红矿脉散落在金沙江流域，

↘所谓水料南红，是指金沙江中捡拾的南红玛瑙。金沙江并不是南红产地，此类南红是经河道上游地壳变动或者雨水冲刷，掉落至金沙江内，其过程与和田籽料很近似。此类南红由于经过河水常年冲刷，表层有明显的C形纹理。

从而形成了这种水料南红。这种料的特点是，体积通常较小，并且由于在河水冲刷过程中经受了长时间的撞击，在矿石表面有丰富、明显的C形纹理，质地较为通透，色域较宽。水料南红只占南红矿石中非常小的一部分。

山料南红：块度较大，外层不规则、有棱角

山料南红，是指从山上开采的南红原生矿，外层不规则，呈棱角块状。这种材料一般是通过炸药爆炸开采发掘而得，浪费巨大，破坏性较强，开掘出的原料存在大量的绺裂。山料南红一般块度较大，并带有一定的围岩。我们见到的南红大多数都为山料南红，云南保山、四川凉山的南红矿均开采于山间。

山料南红多绺裂，外层不规则，呈棱角块状。

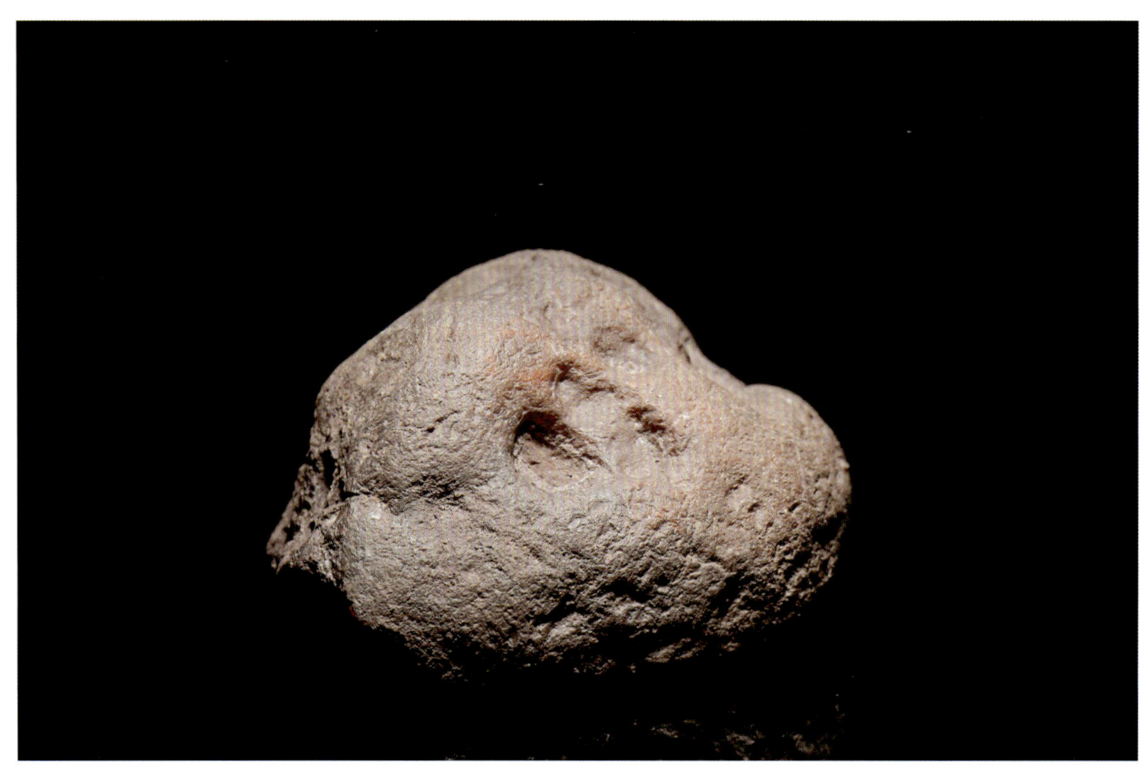

↘火山南红外层包裹一层类似铁质的石皮，颜色呈现深棕色或者黑色，外形相对规整。

火山南红：外观呈蛋形，带有深棕色或铁黑色外皮

山体矿脉的南红材料是通过火山喷发的形式而得，外观呈现为蛋形，由于经过火山的高温灼烧，通常外层有深棕色至铁黑色的外皮；表面既有光滑平整的，也有坑洼麻面的。火山南红材料相对完整，有些颜色较为红艳，如紫红。

火山南红常见于四川凉山所产的川料南红之中，产量相对而言比较稀少。这种火山南红通常肉质细腻、颜色鲜艳，是川红中比较好的品种，非常适合作为雕刻艺术品的原材料，目前市面上相对完整无暇的南红玉雕作品多以这种材料制作。

↘柿子形状的南红手串，藏式风格，颇有特点。

第三节

辨色识南红

按照南红的颜色划分，其品种大体上可以归纳为以下几类：锦红、玫瑰红、朱砂红、红白料、冰飘料、缟红料。

锦红：南红中锦红最为珍贵，产量稀少。锦红最佳者红如血脂，有红、糯、细、润、匀等特点。锦红色南红玛瑙的颜色以国旗色般的正红、大红色为主体，既不偏黄、也不偏紫，是南红色彩中的帝王之色。

柿子红：顾名思义，指的是像熟透了的柿子的颜色，黄中带红，红中泛黄。柿子红是一类颜色的集合体，包括了从锦红中的偏黄色调到柿子黄之间的所有过渡颜色，柿子红中红色调越浓越珍贵。

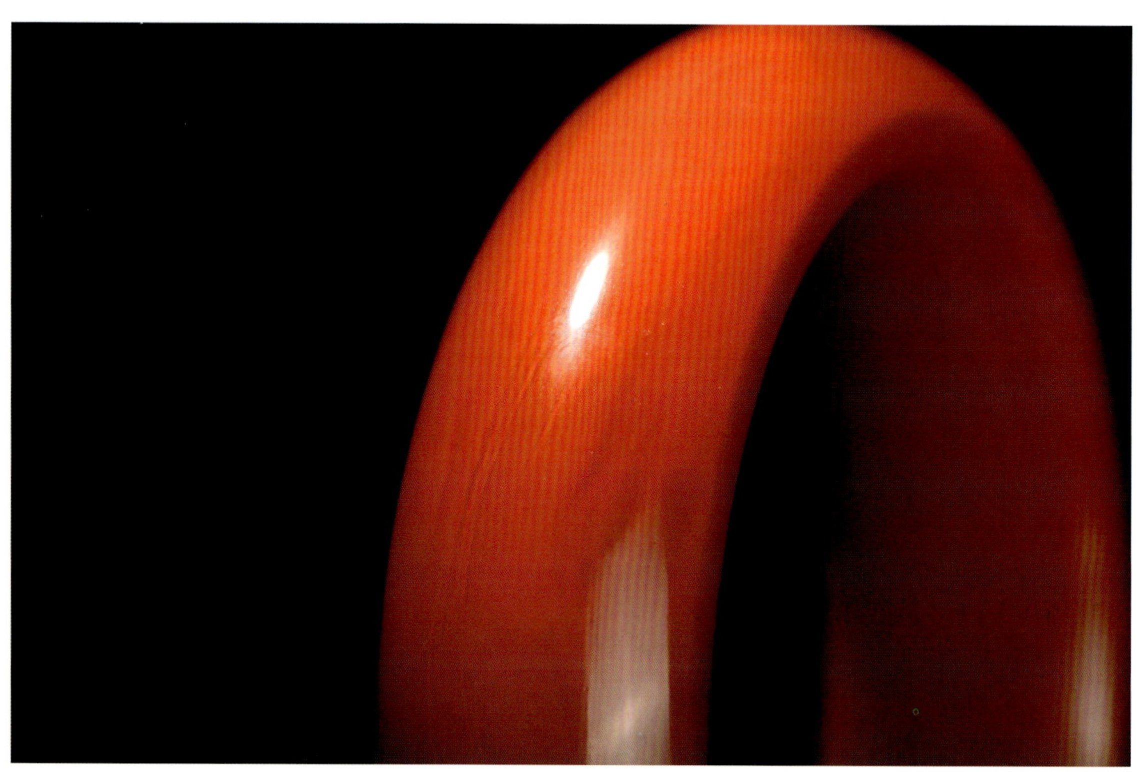

锦红色南红，其色艳，红似织锦，添一分或减一分均不能表现出这种美感，极为少见难得。

此件作品选材考究，作者选取柿子红加玫瑰红的双色石料加以巧妙设计。

朱砂红南红可明显看见由朱砂点聚集而成的红色调。

玫瑰红：顾名思义，犹如绽放的玫瑰颜色，红中带紫，紫中泛红。玫瑰红也是一类颜色的集合体，包括了从锦红中的带紫色调到紫色之间的所有过渡颜色，玫瑰红中也是红色调越浓越珍贵。历史上，玫瑰红的南红料极为罕见，但是近年来在凉山南红矿中出现过，成为南红中新的珍品。

朱砂红：朱砂红南红可明显看见由朱砂点聚集而成的红色调，有些也呈现出近似火焰的纹理。有些朱砂红南红的火焰纹甚是妖娆，有一种独特的美感。

↘质地细腻，色泽红白对比强烈，周身没有繁缛雕刻之感，作者巧用石材本身形态，雕刻白莲一朵，与底色形成鲜明对比，更显白莲纯洁高尚之情。

红白料：指的是红色和白色层叠或者交织形成规律或不规律的条状花纹的南红料。红白料中最为常见的是红白缠丝料，这种材料由于红白交织在一起，一般不利于艺术创作，仅有少部分交织纹理十分美观的材料价格较高；另外还有一种红白料，其颜色红白分明，白者如瓷，红者似火，十分漂亮，非常适合作为巧色巧雕作品的原材料，通过雕刻者匠心独运的设计，此类材料往往能雕刻出令人叹为观止的精品。

冰飘料：是指含质地透明部分的南红料，主要可分为白冰种、冰飘花、冰飘红等，这些种类是行业内根据冰飘料含红色部分多少而命名区分的。冰飘红是冰飘料里面最为优质的一个品种，其红色部分鲜艳，质地细致、不通透，而透明部分则颜色透白、不含杂色、水头佳、透明程度高。冰飘红料与红白料一样，适合作为巧色巧雕的原材料，与作者巧妙的设计相得益彰。

红白分明的冰飘料十分稀少，目前市场价格较高，品质好的价格不亚于传统的满色满肉的南红料。

缟红料：以红色系为主体并有丰富纹理的南红材料，因其纹理类似红缟纹理而被玩家们称为“缟红纹南红”。

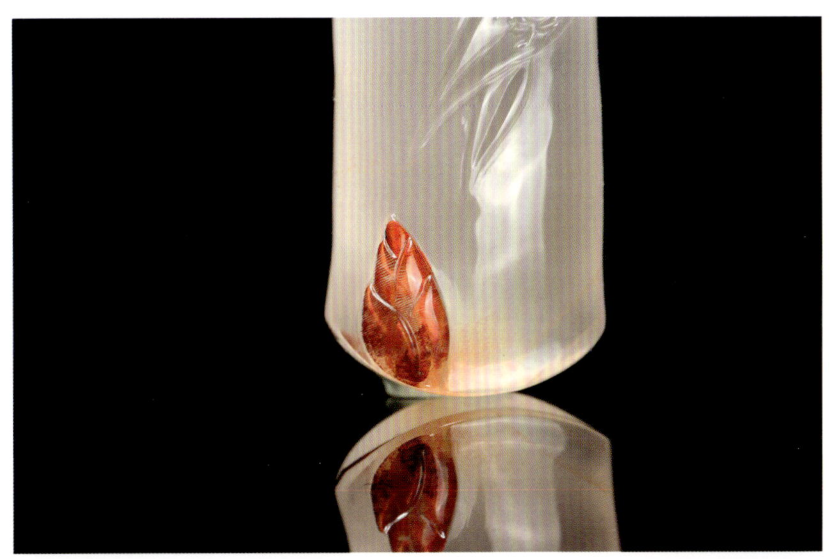

↘ 冰飘南红适合做巧色作品，以质地通透纯洁的白色交织色泽纯正的红色为最佳，经过作者巧妙设计，所创作的作品独具特色。

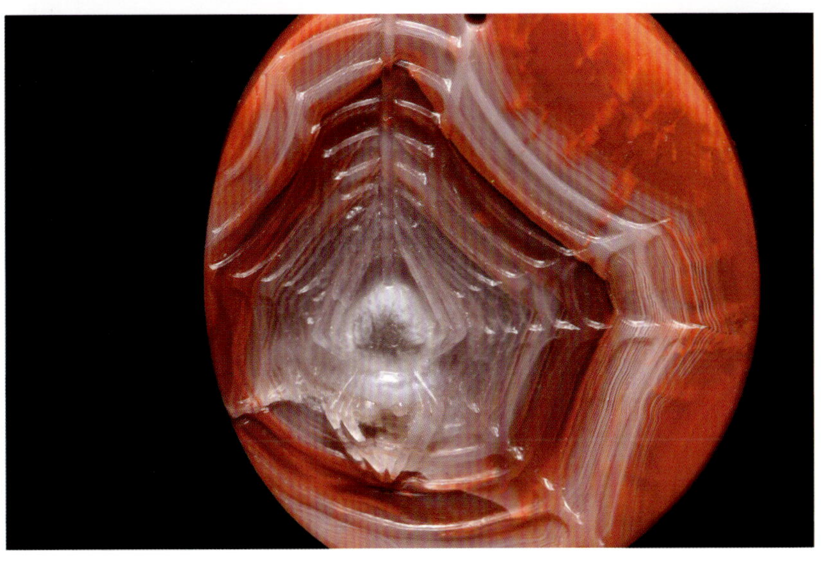

↘ 带有缟状纹理的南红会明显看到丝状缟纹，因此缟玛瑙也俗称为缠丝玛瑙。由于天然纹理较为独特，这种带有缟状纹理的南红也经常作为设计巧色作品使用。

↘豆中强作品，南红陈设器一组，九口料，色红艳，质密实，造型古色古香，宜置于案头，风雅别致。作品施以仿古造型，杯沿巧做兽首，造型威严，线条刚劲，颇具古韵。（琢境藏品）

第3章

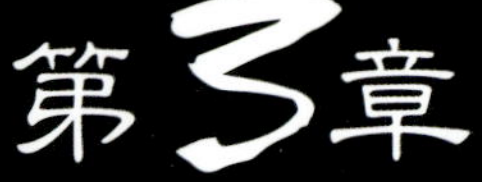

新老南红的辨别

老南红是近来市场上非常火热的一个古珠品种，大部分老南红是源于北方游牧民族的饰物。

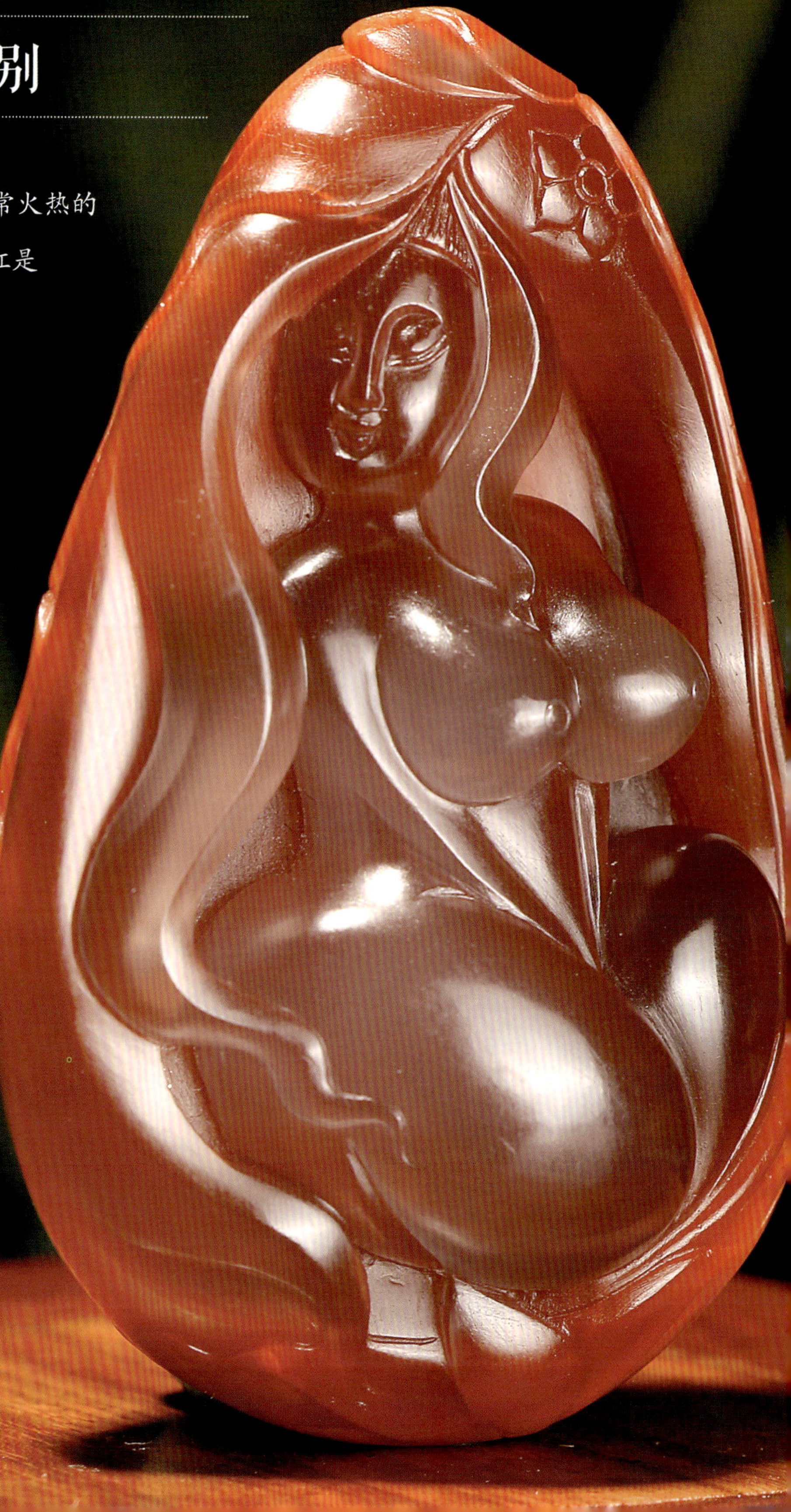

第一节

什么是老南红珠子?

我们可以在考古文献中查阅到，从辽金时期的契丹人、元时期的蒙古人到明清时期的边陲游牧民族，多使用不同形制的南红饰珠。但有据可查的仅是其中的一部分，还有很多南红饰珠，由于不同民族独特的丧葬习惯，或是其中一部分饰珠本身就是以传世的形式流传下来的，或为父子相传，或为师徒相传，并无相关的出土记载。

南红玛瑙珠饰早在战国时期的西南边陲民族饰物中就有发现，至宋元时期应用更为广泛，那么到底什么样的南红才可称之为老南红呢?

南红矿石是不可再生资源，它们形成的时间几乎没有差别，因此，我们所说的老南红是针对南红原料被制作成艺术品以后的时间而言。在古代，南红多以珠子的形式存在，因此，我们判断老南红的依据主

↘ 此种瓜形南红珠，是老南红珠子中常见的一种独特外形。这种外形的珠子，深得北方游牧民族的喜爱，常见于宋元时期的配物当中。

要看材质的产地、珠体的外形以及其佩戴磨损程度，下文就根据这几方面予以详述。

产地

老南红玛瑙的产地主要有两处：甘肃迭部和云南保山，这两个产地的老南红在内部结构与色彩外观上均存在一定的区别：

❶ 甘肃迭部的南红称为“甘南红”。甘南红的色彩纯正，颜色明艳鲜亮，色域较窄，通常都在橘红色和大红色之间，也有少量偏深红的颜色。甘南红的雾状结构较少，无论是红色部分还是白芯，都具有很强的浑厚感，一般来说，甘南红的质量是南红中最好的。

❷ 云南保山的南红称为“滇南红”，滇南红历史悠久，它的色彩丰富，但是色调偏灰，色域较宽，粉白色、粉红色、橘红色、朱红色、

↘ 甘南红产自甘南迭部地区，质地胶凝厚重，色泽纯艳，是南红玛瑙中的绝佳品种，但而今已经绝迹。

↘滇南红色彩艳丽，但是色调偏灰、色域较宽，表面雾状结构明显。此件作品取材硕大、色泽艳红，由于滇南红绺裂多，难以雕刻，能雕琢如此实属难得。

正红色、深红色、褐红色等均有涉及。视觉上看，表面雾状结构明显，看起来有泛白的稀糊感，出现白芯的部分容易出现半水晶质特征。

甘南红与滇南红的老矿脉均于清朝晚期时绝矿，而作为制作珠子的材质，从它出现的形态及制作工艺来看，日常中我们可见的老南红珠子可上溯到宋辽时期，甚至更早。

外形

由于各个时期文化背景的差异以及地域的不同，人们选择制作配物的风格也有所差别，因此，我们见到的老南红玛瑙材质的珠饰是有

↘ 瓜形南红珠，由于年份较早，并且此种瓜形珠较为少见，因此是老南红玛瑙珠子中最为昂贵的品种。

很大区别的。从常见的形制上来说，老南红玛瑙大致上可以分为 4 种：

❶ **瓜形珠：**这种形状的老南红玛瑙珠子是宋辽时期开始出现的，元明时期达到巅峰，清代时已较为少见。瓜形珠主要分为矮桩瓜珠、中桩瓜珠、高桩瓜珠，其中，矮桩瓜珠年份相对较早，可追溯到宋元时期，中桩瓜珠一般为元明时期的产物，高桩瓜珠则是明晚期或是清代的产物。这种断代方式是根据不同年代所制作的瓜珠中最具代表性特征的形态而言。另外，瓜珠因为年份和工艺的原因，一直以来都是老南红玛瑙珠子中最为昂贵的品种。

❷ **藏区圆珠：**圆珠在藏区南红玛瑙珠子中是相对较晚出现的一种珠型，从珠子的形态来看，一般圆珠出现的地区都更接近中原文化。此外，从制作珠子的工艺技术历史上来看，倒角切圆的制作工艺于清代中期左右才出现，因此，藏区的圆珠大约始于清代，可延续到建国初期。

↘藏区南红圆珠大约始于清代时期，是相对较晚出现的一种珠型。但由于经年累月的佩戴，这种圆珠孔口两侧磨损相对严重，变得平滑，整个珠形也向算盘珠形靠近。

❸ **扁珠：**扁珠，又称“橄榄珠”，俗称“勒子”。扁珠有着悠久的历史，市面上可见的扁珠形态一般分为两种：一种是不规则形，珠体不太对称，尺寸相对较大，外表包浆极其厚重，孔道也极为古朴，这类珠子可追溯到元明时期，甚至更早；还有一类是相对规则的扁珠，珠体具有明显的对称性，出现的年代也相对较晚，从清代初期至解放时期均有制作。扁珠具有流行时间长、范围广等特点，因此，它是老南红玛瑙珠子中最常见的品种，价格也相对较低。

↘南红扁珠，又称“橄榄珠”或者“勒子”，这种外形是老南红玛瑙珠子中最常见的品种，因此原本价格较低。但随着老珠子市场及南红市场的火热，这种外形的老南红珠也日渐稀缺，其价格也有所上涨。2010 年前后，这种外形的珠子于藏区只需区区 300 元至 400 元就可以买到，而今在市场中也要索价几千元。

↘算盘珠，形态规整、选料考究、抛光精细、色润红艳、无破损者为佳。

❹ **算盘珠**：算盘珠，又称片珠或者药片。此类造型的珠子出现时间与对称扁珠类似，始于清初。算盘珠制作工艺水准良莠不齐，选料水平也各自不一。形态规整、选料考究、抛光精细、色润红艳、无破损者为佳品；质地粗糙、工艺简陋、珠面棱角清晰者为下品。据此，二者的收藏价值及市场价格立判高下。

孔道

老珠饰的孔道磨损情况是辨别老珠子真伪的一个重要标准，后期人为模仿的磨损情况很难做到如真正的老珠子一样。那么，作为收藏爱好者来说，学会辨别老孔道的真伪尤为重要，下面一节中将对孔道真伪辨别做详细的介绍。

第二节

老南红，一看孔口，二看孔道

市面上流行一种根据材质判断南红珠子新老的做法，实际上，这种做法仅对甘南红和川南红适用。先说甘南红，甘南红的原材料在清代时期就已绝迹了，因此，以甘南红为原材料制作的南红艺术品一定是老的，川南红则与甘南红相反，它是近些年才开始发掘利用的一种南红原材料，所以，以川红作为原材料的艺术品就一定是新南红。但对于保山南红来说，保山南红材质从旧时一直沿用至今，因此，仅仅从材质不能区分南红的新老。

老南红玛瑙珠子与新南红玛瑙珠子的最大区别在于有没有使用过，南红玛瑙的质地比我们想象中的要软，较易磨损。我们最经常见到的老南红珠饰大多出自游牧民族，在这些游牧地区，南红不仅作为饰物使用，也经常作为念珠等物的配珠使用，因此，这种老南红珠饰会很快出现磨损。所以，在选老南红珠子的时候，首先要看有无真正磨损的痕迹。那么，什么才叫真正的磨损呢？

看孔口

在佩戴老南红珠饰时，最初的磨损来自于珠子与珠子之间的摩擦，所以，真正的老南红珠子的孔口两端必有磨损，两端几乎没有磨损的那种南红玛瑙珠子一定是新品。

另一方面，老南红珠饰的孔口通常会有微微的弧度，一定不会出现很愣的拐角。这个微小的弧度有时候用肉眼看不出来，但可以靠指甲去感觉，一般来说，用指甲轻轻划过孔口的时候，感觉光洁的是使用过的老南红，感觉有棱角的就是新南红。

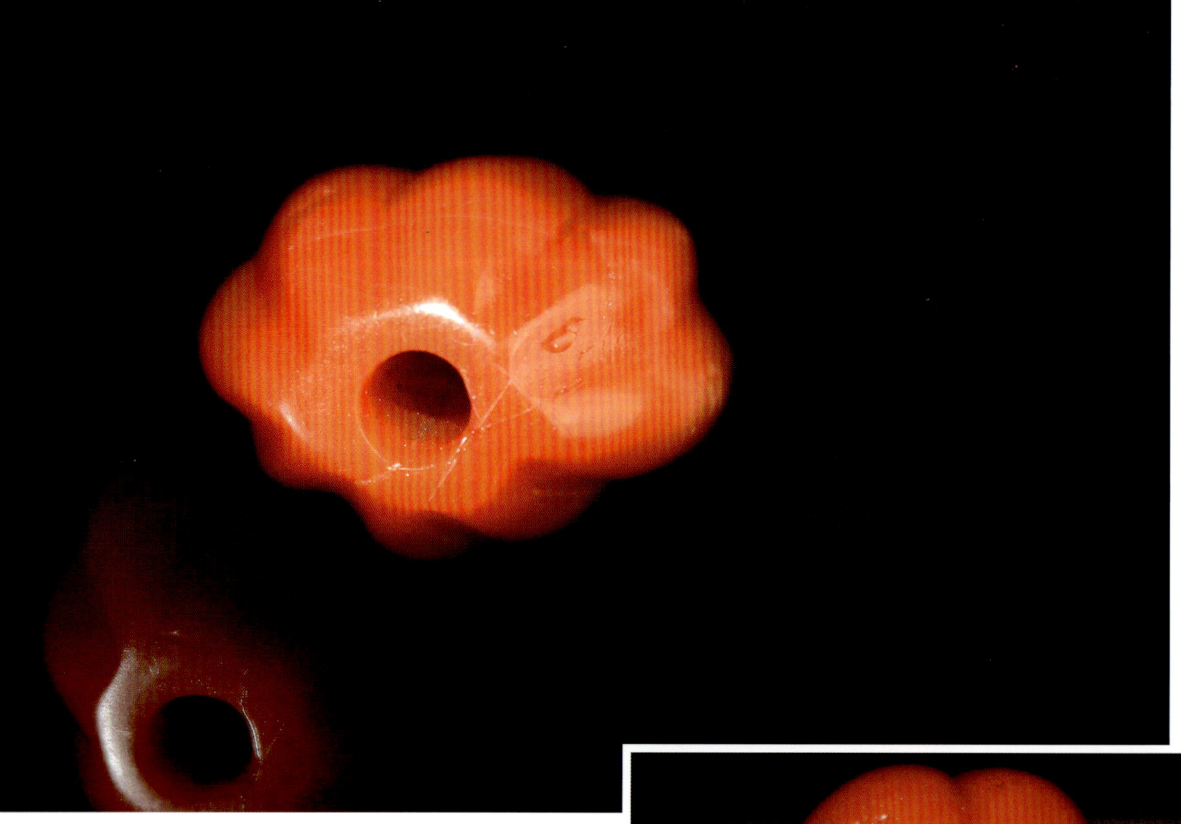

↘真正的老南红珠子的孔口两端必有磨损，孔口通常会有微微的弧度，一定不会出现很“愣”的拐角。

↘老南红由于长年佩戴，其孔道通常大且光滑。

看内壁孔道

南红珠子一般是孔口两端先受到磨损，紧接着出现磨损的地方是绳子与孔道内壁之间。通常，孔道的第一个变化是变得非常光滑，光洁如镜。因此，在挑选老南红时，挑大孔道的做法不是很准确，一定要孔道大且光滑的南红珠子才能说明“老”。先看孔道的光滑度，再看孔道的大小。

第三节

巧辩南红玛瑙的做旧

由于老南红的价格高于新南红，在利益的驱使之下，市面上便出现了将新南红做旧成老南红来欺骗消费者的做法。下面我们就来谈谈南红做旧的问题。

南红玛瑙孔道和C形马蹄纹的做旧方式

说到做旧，这就牵涉到钻具，在古代，珠饰刚出现在人们的日常生活中时，钻孔的工艺就已经存在了，那时所使用的钻具分为实心钻和空心钻两种，它们与我们今天使用的电动工具虽然在研磨原理上如出一辙，但在实际操作上存在很大区别。古时的钻具进行研磨时，是借助油脂与石英砂一类的研磨介质进行钻孔的，所有的孔道都是研磨

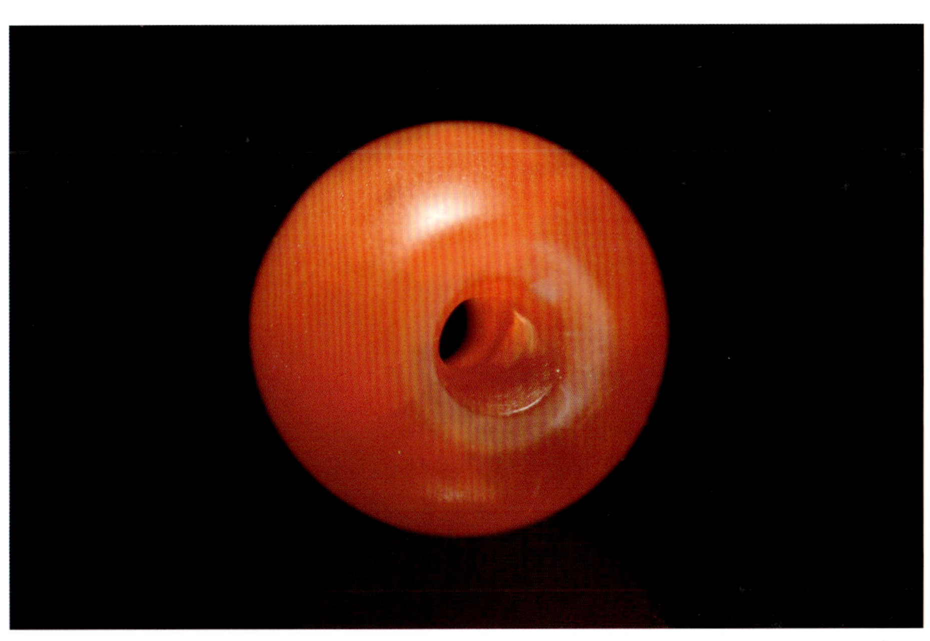

做旧的南红珠子其孔道由于是通过电动钻具打磨而成，孔壁极为毛糙，通常可见螺旋痕迹。

出来的，这个过程需要非常久的时间。因此，在钻孔过程中，孔道实际上已经产生了磨损，甚至已经产生了我们所说的包浆，孔道是细腻光洁的；而现代工具钻孔速度非常快，虽然使用的也是石英砂的磨头，但是时间短，因此，现代做旧的珠子孔道里面是毛糙、不光洁的。

⊙ 南红孔道的做旧

下面来说说市面上新南红孔道的做旧。

做旧的第一步就是打磨孔道内壁，通常使用的是类似砂纸一样的磨头，将毛糙面磨制光洁，由于人为做旧的目的在于博取高利润，不可能进行长时间抛光，否则将增加人工成本，所以，人工磨制出来的南红孔道的光洁度远不如真老南红玛瑙珠子；第二步是制作孔口处的磨损，由于真正的老南红玛瑙珠饰孔口处的磨损是经由常年磨损形成的，其弧度非常微妙，而人为研磨几乎仿造不出那样细微精妙的弧度，只能做出非常突兀的弧面，给人明显凹陷进去感觉，非常不自然；第三步是制作孔道的包浆，他们制作包浆的方法通常是涂抹凡士林，刚

↘ 真正的老南红孔口处的磨损弧度非常微妙，而人为研磨几乎仿造不出那样细微精妙的弧度。

↘南红瑞兽挂牌，此件作品选材精致，以满色玫瑰红雕琢而成，单从材质上来讲就极为难得。作者施以浮雕技法，巧设瑞兽，线条流畅干练，工料俱佳。（琢境藏品）

制作完成后，确实有一种油润感觉，但放置时间久了会有一层白霜，极易分辨。

⊙ C形马蹄纹可以仿造吗?

风化纹理，是指老南红玛瑙珠饰上面半圆形的凹陷，业内称之为C形纹或马蹄纹。这种纹理不是天然形成的，不会因放置时间或者曝露在自然环境下的时间长而生成，而是因为撞击才形成的。几乎所有的玛瑙都是同心圆环状结构，经过撞击后造成环状链断裂，表层脱落，在表面形成了这种独特的纹理，在过去，这种独特的纹理成为了老南红玛瑙的身份证，人们认为有C形纹理的就是老南红玛瑙，这样的观点是不正确的，C形纹理可以靠人为仿制出来。

C形纹理制作起来十分容易，一种方式是用细微的钢管人为敲击珠子表面，造成珠体表层脱落形成C形纹理，有些做工不好的会呈现各式各样的缺口，这种作假方式制作出来的C形风化纹路一方面不自然，

↘ 此件物品为红玛瑙烧色仿制的南红珠子，其色泽暗淡，无光泽感。表层还人为地凿刻出了许多模拟南红的风化纹理，其痕迹死板、不柔和，与真正的风化纹有极大区别。

↘ 真正的老南红珠子大多数均为传世之品，因此包浆非常丰厚，在风化纹理内也会形成磨损、包浆，因此我们用手抚摸时，会感觉非常润泽，不会有丝毫划手的感觉。

线条僵硬、不柔和，另一方面，真古珠上的风化纹路会出现在珠子最易磕碰的地方，而不是像做旧的那样遍布珠体。这种造假方式对于有一定经验的藏友来说较易分辨。

另一种仿制 C 形纹路的方式是利用现代化机器，将珠子放在机器里面，通过机器的不断震动使珠子自然撞击形成磕碰，经过一段时间后，将处理过的珠子进行抛光，以达到惟妙惟肖的效果。分辨这种假珠子有两种方法，但要求藏友要有一定的经验并且足够细心：其一，仿制的珠体表层的风化纹理没有包浆，而真正的老珠子包浆非常丰厚，包浆会渗透进珠子的每个细节当中，风化纹理是非常柔和、油润的，绝不会像新做的珠子那样毛糙；其二，新仿制的珠子孔道里面没有磨损，而真正的老珠子孔道里面会有一定的磨损，在包浆作用下呈现出光洁如镜的油润光泽。

先学“五招”辨南红，再掏腰包买真货

随着艺术品收藏热潮的高涨，老南红玛瑙的价格一路飙升，从2005年前后的百余元一颗到现在几千元乃至上万元一颗，其价格的涨幅程度可见一斑。在这种巨大的利益驱使之下，有一部分人以做旧的南红玛瑙来冒充真正的老南红，使很多消费者都受到了不同程度的损失，本章就来讲述一下如何区分做旧的南红玛瑙。

众所周知，老南红玛瑙以珠饰为主，前文中我们也简略提到过一些老南红珠子的特征以及如何区分，下面总结性地详细介绍一下：

真正的老南红会随着时间的积累变得越来越亮，包浆越来越丰厚。

⊙ 产地

老南红玛瑙的产地为甘肃迭部与云南保山，除去这两个产地以外，尚未发现产自其他产区的老南红珠饰。因此，如果一颗老南红珠饰的产地不是来自于甘肃迭部和云南保山，那么必是做旧无疑，其他的特征都不用再去考虑了。

⊙ 包浆

我们在市场上见到的老南红玛瑙珠饰多为游牧民族佩戴使用之物，因此，珠体表面上的包浆十分丰厚，具有明显的油脂光泽。这种光泽与抛光形成的光泽感不同，包浆给人的感觉有一定的厚度，像是珠体表面被覆盖了一层油膜，手感温润，不像人为抛光形成的光泽那么"贼"。另外，包浆随着把玩时间的积累会变得越来越亮，而抛光形成的光泽则会变暗淡。

真老南红的C形纹理的大小是有区别的，而人为制作的通常大小一致，看上去十分死板。

⊙ 风化纹

风化纹是由于常年佩戴所造成的磕碰而形成的凹凸不平的纹理，因此，大多数老南红玛瑙珠饰或多或少都会有风化纹，这是老南红的一个显著特征。因此，很多做旧者都会刻意制作出南红的风化纹理，通常是使用尖锐的工具，直接在南红珠饰上敲击出来。

人为制作的风化纹与自然形成的风化纹主要有三个明显的区别：

其一，自然形成的风化纹理由于形成的时间不同，给人的感觉是有层次感的，是一层风化纹上叠加了另一层风化纹，而人为制作的通常只是浮于表面上的一层；

其二，自然形成的风化纹其C形纹理的大小是有区别的，而人为制作的通常大小一致，看上去十分死板；

其三，天然形成的风化纹理中富含包浆，而人为制作的风化纹毫无包浆可言，纹理中还经常因为断层而泛白，没有老南红那样的油润感。

↘ 真老南红的珠体外侧上的磨损大多为平直的弧线，一般而言，越接近腰线中心位置越平直。

↘四川南红玛瑙瓦西料（琢境藏品）

⊙ 磨损痕迹

由于经过长年佩戴，老南红珠饰的珠体上以及孔道中无可避免地会形成磨损，这种磨损是柔和的，形成的弧度是自然的，而人为的磨损则会显得矫揉造作。老南红珠体外侧上的磨损大多为平直的弧线，并且越接近腰线中心的位置越平直，当然，这与佩戴的位置与佩戴的习惯有关，但多数情况下腰线位置的磨损最为严重。

老南红孔口两侧大多会被磨成一个平面，光洁如镜，孔口处角度成圆润弧度，形成明显凹陷的情况不多见。人为做旧时也通常会将孔口处磨平，但孔口处为直角，并不能制作出常年佩戴形成的自然弧度。用手摩挲时会有划手的感觉。

此外，老南红的孔道大多较为硕大，内壁光洁，无明显研磨痕迹。人为制作的孔道较为毛糙、无包浆，偶有钻具痕迹。

⊙ 扒皮

扒皮，从严格意义上来讲，这种情况并不能算在做旧范畴之内，恰恰相反，这种手段是给南红做新，目的在于将品相不好的老南红制作成为品相好的老南红。

所谓扒皮，是指将一些表面磕碰或者破损过于严重的老南红玛瑙珠饰进行重新研磨，将破损层打磨下去，改变老南红的品相。用这种方法处理的老南红，孔道保留了原貌，表层的风化纹理变浅，但纹理内部仍存有包浆，只不过表层的包浆受到了一定的破坏。扒过皮的老南红的价值不如经过自然把玩而成的品相优秀的老南红价值高。

在放大镜下观察珠体表面，有明显擦丝痕迹很有可能是扒过皮的老南红。

旧时的人们并不像我们现在一样爱惜珠子饰品，因此，老南红珠子的存世量虽多，但年份佳且品相好的十分稀少。于是，一些商家就把一些表面磕碰较严重的老南红珠子做扒皮处理，进行售卖。对于初玩者来说，扒皮过的老南红珠子很难辨别，因为其大多数表面特征都符合了老南红的特点，判别这样的老南红，需要借助放大镜仔细观察细节，如果用肉眼观察时感觉包浆不够丰满，而在放大镜下珠体表面有明显擦丝痕迹，那么就有理由怀疑是扒过皮的老南红。

总之，所有的做旧形式都是人为刻意地仿照老南红珠饰而制作的，免不了模仿得死板，与真正长年累月使用的质感相差甚远。只要购买者观察足够仔细，消费足够理性，不要道听途说，再结合以上几个要点，相信市面上普通的做旧方式蒙蔽不了您的眼睛。

第四节

新南红的“新”指的是什么？

我们所说的新南红，通常有两层含义：其一，是指材质上的新；其二，是指时间上的新。材质上的“新”主要用于区分产地，是指产区位于四川凉山州的南红玛瑙，包括了联合料、九口料、瓦西料等等，由于凉山南红被发现和使用的时间较短，相对于甘南红和保山南红而言，凉山南红称之为“新南红”。时间上的“新”主要用于区别南红玛瑙的年份，相对于明清时期甚至时间更为久远的老南红玛瑙而言，年份较近的称为“新南红”。

当然，无论哪一种“新”，都丝毫没有贬低的意味。近年来，川红出产的精品不断，并且绺裂少、色泽红艳、质地凝厚，适合做雕件、摆件，价值不菲。虽是新开采的矿脉制作出来的艺术品，但其艺术价值可圈可点，也非常值得赏玩、收藏。

↘川红出产的精品不断，并且绺裂少、色泽红艳、质地凝厚，适合做雕件、摆件，价值不菲。

第五节

新老南红看包浆

行话说的包浆，其实就是指南红玛瑙饰物在经过人们长时间地佩戴、把玩后，人体分泌的汗液、油脂在饰物表面形成的一层致密的氧化膜。老南红玛瑙上的包浆给人的感觉是温润且带着一种油脂光泽，这种真实的光泽度与经过人为抛光而形成的包浆的区别在于：真包浆是油润且有一定厚重感，而抛光形成的光泽是浮于表面的。老南红玛瑙上的包浆会随着把玩时间越来越长而变得越来越亮，而抛光形成的光泽，不会有这种感觉，甚至会随着把玩逐渐失去光气。

老南红玛瑙的包浆是判断南红年份的标准之一，尤其是 C 形风化纹理以及孔道内部的包浆，可以说是老南红玛瑙的身份象征之一。由于常年的使用和佩戴，老南红玛瑙表面 C 形纹理中也会形成包浆，质感非常油润，不会有新断层的感觉，抚摸起来润滑，无刮手感。

石质类的珠饰，通常包浆上得较慢，需要经过长时间的佩戴和把玩。因此，新南红玛瑙在短时间内是不会形成包浆的，玩家不必心急，随着时间的积累，新南红配饰上也会逐渐产生油脂光泽。

老南红的包浆带着一种油脂光泽，而人为抛光形成的光泽是浮于表面的。

南红玛瑙上的包浆会随着盘玩时间越来越长而变得越来越亮

出门篇

玩南红，认产地、辨颜色、看新老，一个都不能少。平时多看、多问、多积累，才能做到心里有底，出手不慌。

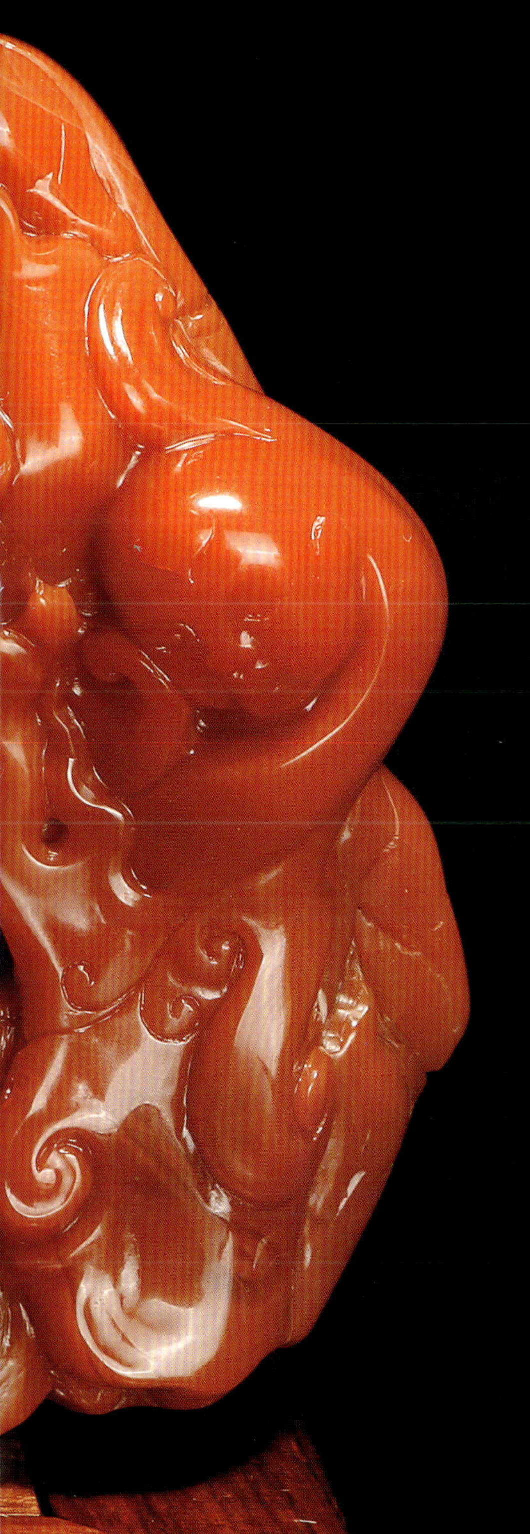

第4章

南红的挑选原则:“红糯细润匀”

像许多其他的收藏品一样，仅依靠“纸上谈兵”的功夫是不能成为“投资收藏专家”的，我们需要不断地实践，这样才能不断地提高眼力、丰富经验。

第一节

挑选通则：颜色、质地、纹理

艺术品的价值是无法用恒定的指标来衡量的，南红玛瑙在选择上有很多标准，不能仅凭一个标准来区分南红的优劣，比方说，满色满肉的南红不一定就比晶冻料或者红白料的南红要好，还需要结合它的工艺以及艺术价值再做判断。因此，作为普及类的读物，我们先从介绍南红玛瑙挑选的通则开始。

挑选颜色三字经 “满、艳、正”

南红玛瑙之所以深得玩家喜爱，主要在于其红艳厚重的色泽。因此，在挑选南红玛瑙时，颜色的选择尤为重要。南红玛瑙色域十分广泛，尤其是产自凉山的川红，其颜色从深红到橘红几乎都涵盖在内，那么我们应该如何选择呢？

此件作品所选材质色泽红艳，颜色一致，无色差。作者功法细腻，雕琢观音造像双目低垂，开脸慈爱，圆润饱满，庄重典雅。

首先，尽量选满色的。满色并不是指单一的颜色，有可能是深浅不一的红色系相互掺杂，比如满色柿子红加玫瑰红。但是，需要注意的是，无论是哪种红色，其颜色最好不要掺杂非同一色系的颜色。从市场价格角度来说，单一色系的满色要比非单一色系的价格高出许多。

其次，在满色的情况下，选色泽明艳的红色。前文中提及过，南红玛瑙的色域广泛，常见的就有锦红、柿子红、玫瑰红、水红、冰飘等等，这还仅仅是按大色域来区分，其中还会有偏黄、偏紫的情况。因此，对于南红初玩者来说，颜色的选择尤为困难。我们抛开这些色彩名词不谈，单从颜色上来说，选择南红玛瑙最好挑选正红色，色调既不偏黄也不偏紫者为最佳。这里所说的正红其实这就是我们所说的锦红，偏黄一点就是柿子红，偏紫一点就是玫瑰红。

选择南红玛瑙时，尽可能选择色泽明艳的红色。该作品色泽红润艳丽，画面构思充满动感，一条鲤鱼跃然于荷叶之上，灵动脱俗，活灵活现。

↘所谓“发水”，指的是质地不好的南红。这种南红胶质感不强，通常表现出明显的通透感。

南红质地“二避”：避绺裂、避色带

我们选择翡翠时讲究水头，也就是所谓的通透度，而南红玛瑙则恰恰相反，以质地厚重者为佳，一定要挑选透明度低的，几乎不透光者为佳，这就是行话里说的“满肉”。如果说南红玛瑙的质地较为透明，行话里叫“发水”，也就是质地不好的意思。

南红玛瑙的质地从全透明到不透明的均有，不考虑艺术价值，单从原材料来说，南红玛瑙的价格随着透明度的降低而增高，用配珠打个比方，一颗满肉满色的珠子的价格是水红珠子的几百倍。

南红的质地相对容易选择，但有两点要注意：一是绺裂，二是色带。

在选择南红玛瑙时要避免选择绺裂过多的材质。南红原石中，有相当一部分带有绺裂，尤其是保山南红。绺裂过多会严重降低南红的价值，消费者可以借助强光手电和荧光手电等工具来观察绺裂，这种方法简单易行；还有一种是南红玛瑙中带有色带的情况，这种情况通常在冰飘料中较为常见。

Tips

什么是色带?

色带是指南红中朱砂状的色点凝结在一起，或成丝带状，或成斑块状，比其他地方颜色深。

用带有色带的原石雕刻而成的作品，优劣因雕刻者的设计工艺而异，但仅从质地上来说，不建议玩家选择带色带的南红。

南红玛瑙的纹理：缠丝状纹理和火焰状纹理

南红玛瑙常见的纹理有两种：一种是缠丝状纹理，另一种是火焰状纹理。缠丝状纹理多见于红白料中，丝线成平行状态，红白相间，有特色，但市场价值不高；南红火焰纹，顾名思义，因其纹理酷似火焰而得名，根据颜色不同，主要分为玫瑰红火焰纹和柿子红火焰纹，多见于川红九口料中，其中，以颜色艳丽、火焰形象者为上品。

此图中的南红圆珠，虽为保山南红，但其内部绺裂过多，因此严重的影响了价值，这类南红不适合购买。

缠丝状纹理多见于红白料中，丝线成平行状态，红白相间，市场价值不高。

南红火焰纹，指的是酷似火焰的纹理。

色彩艳丽，雕工精湛的南红玛瑙作品价格高。

第二节

南红以锦红为上，打光后透的都不是锦红

锦红是指颜色正红，不偏黄、不偏紫的南红玛瑙。这种颜色在南红中较为少见，也是最受人追捧的颜色。那么，什么样的南红玛瑙可以称得上是锦红呢？

顾名思义，像传统的锦缎颜色和质地一样，红艳、细腻、密实、珠宝光泽强。用手电打光下看，几乎不透光，这点是判断是否是锦红的关键标准，只要打光下呈现出透明状的，即使颜色再艳丽，也只是玫瑰红或者柿子红冻肉，都称不上是锦红。

从颜色上来看，锦红更像是一个形容词，用来说明南红玛瑙色泽的艳丽，而从质量上看，锦红则是代表色质俱佳的南红玛瑙。往往被冠以锦红的南红玛瑙，市场价格都非常高，因此，对于刚刚接触南红的玩家来说，建议不必过分追求锦红这种颜色。南红玛瑙无论是不是锦红色，只要色泽红艳，质地厚重，均是不错的选择。

锦红颜色为正红，不偏黄、不偏紫，手电打光下看，几乎不透光，这是判断是否是锦红的关键标准。

南红的胶质感酷似和田玉和蜜蜡

第三节

判断南红胶质感的二要素：不透光、细腻油润

在南红的挑选通则中提及过，南红以不透光为佳，质地需厚重，宛若凝胶，这就是我们所说的胶质感。这种质感在老南红玛瑙中十分常见，甘南迭部南红及保山南红都具有明显的胶质感，但由于开采的矿脉不同，新南红玛瑙中并不是都存在胶质感，尤其是凉山南红刚刚进入市场时，通常给人发水的感觉，这就是胶质感不够造成的。

挑选南红玛瑙时，胶质感的第一特征为不透光、通透度低。我们在看一些发水的南红料时，会看到明显的朱砂点结构。胶质感强的南红玛瑙仿佛是将无数的朱砂点粘合在一起，但仅凭这点不足以判断南红的胶质感强弱，打个比方说，建筑用的红砖也不透光，但它就不具有胶质感，这是因为其质地细腻度不够。因此，胶质感的第二个特征就是质地细腻柔和、温润、有油性，感觉上有些近似和田玉和蜜蜡。

实际上，南红的胶质感通过实物很容易辨别，玩家在选择南红玛瑙时注意比较即可。

↘南红以不透光为佳，质地厚重，宛若凝胶，这就是我们所说的胶质感强。

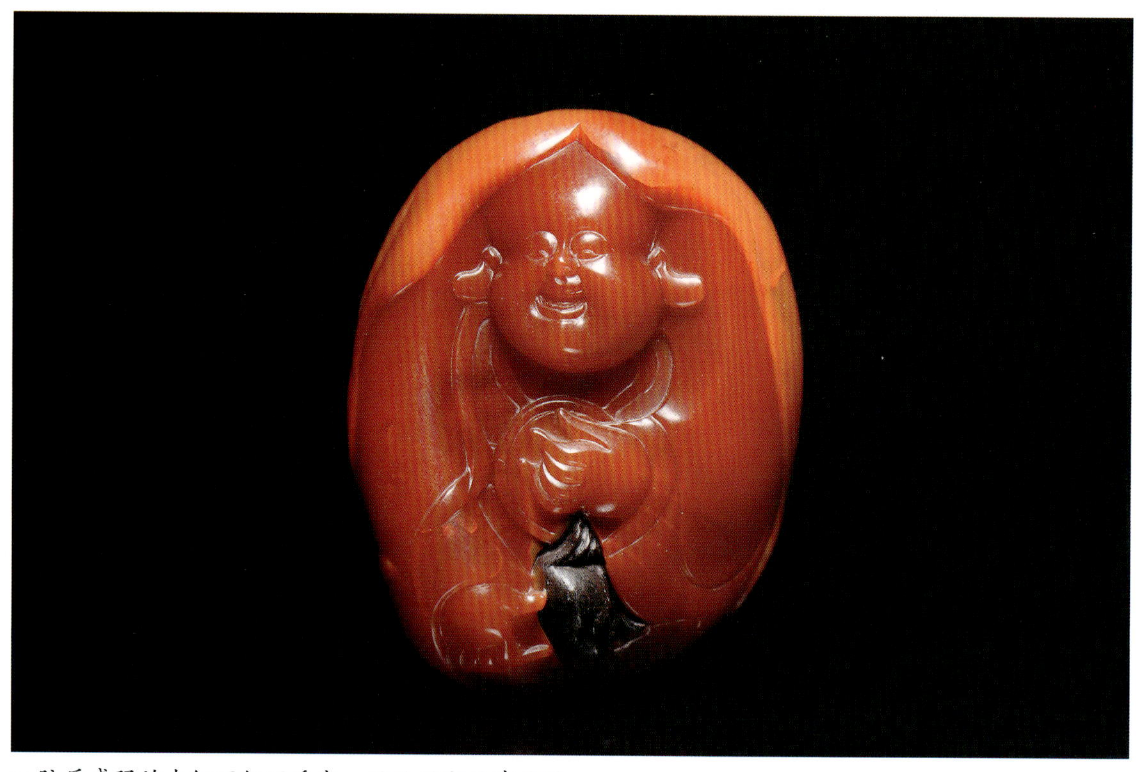

↘胶质感强的南红不仅不透光，而且温润具有油性。

第四节

保山南红玛瑙与凉山南红玛瑙手感的区别

南红玛瑙的手感与普通红玛瑙有所不同，如果用一个词来形容南红的手感，那么首先想到的是“温婉如玉”，南红入手时有明显的油润感，并且，不同产地的南红玛瑙有不同的手感，当然，这种感觉是因人而异的。

从目前市场上能够见到的南红玛瑙品种来说，保山南红玛瑙的手感优于其他种类的南红。保山南红入手的胶质感明显，给人温润的感觉，凉山所产的南红玛瑙胶质感虽不如保山南红强烈，但它也有着自己独特的入手手感，那就是——刚劲。这种形容显得略有些抽象，因此，如果手中恰好有这两个产地的南红玛瑙，那么不妨在手中试一试。保山南红的感觉是细腻润糯的，而凉山南红则给人一种刚劲利落的感

保山南红玛瑙的手感优于其他种类的南红，入手时的胶质感明显，给人温润的感觉。

觉。当然，这也与两种南红抛光习惯的不同有关，保山南红由于天然绺裂较多，因此，多采用亚光抛光手法，而凉山南红多使用高光抛光，这也造成了手感上的区别，亚光抛光比高光抛光的南红手感更温润。此外，凉山南红玛瑙入手时有微凉的感觉，这一点和其他的南红玛瑙不同。

从结构上来看，如果把凉山南红置于阳光之下，我们就会发现这种南红玛瑙的反光性较好，而保山南红则不具有这样的特点，如果仔细观察保山南红的话，会发现保山南红那种独特的红色其实是由很多细小的红点构成的，也正是因为这点，保山南红才有很强的胶质感，而凉山南红却很少有这样的特征，凉山南红色域呈现出整体性，所以，显得刚劲有力。

凉山南红的反光性较好，而保山南红则不具有这样的特点。

第五节

起荧光的南红更具收藏价值吗？

荧光这个概念曾主要用来形容翡翠，是指种水好、刚性较强的翡翠表面拥有较强的光泽感。现在，也有人用荧光这个概念来形容南红玛瑙。诚然，有一部分南红确实具有荧光感，并且不仅仅是南红，许多质感相似的宝石都会有荧光感，但是，起荧光的南红就是好南红吗？就一定更具收藏价值吗？下文中来讨论一下这个问题。

从前文所说的南红玛瑙的挑选通则中，我们可以总结出，南红玛瑙的挑选方法实际上有些方面类似于和田白玉的挑选，即不讲究种水，而更看重油润度与细糯程度。从不同产地的南红特点来看，云南保山料及四川九口出产的南红料多以红糯为主，因此，制作出来的珠饰或雕件红润而不荧耀，而有一部分冰飘料或者联合料里比较水的南红反而会拥有荧光感。这与我们选择南红玛瑙的原则是相反的，因此，有荧光感的南红不一定就是好南红。

“起荧光”这一类概念的提出，很大程度上是市场炒作行为的产物，结合许多其他珠宝的特征强加在南红玛瑙之上，这是对消费者的误导，因此，我们挑选南红玛瑙时还是需要依循传统的挑选准则，不要受到“新兴”名词的蒙蔽。

↘ 有一部分冰飘料或者联合料里比较水的南红会拥有荧光感，但有荧光感并不是判断南红好坏的标准。

↘瑞兽南红手把件，材质鲜艳，做工精巧。

第5章

南红的仿冒品

随着南红玛瑙的市场热度火速升温，市场中也出现了很多南红之仿冒品，甚至有些仿冒品的材质与南红玛瑙还真有那么一丝相似，很容易鱼目混珠。

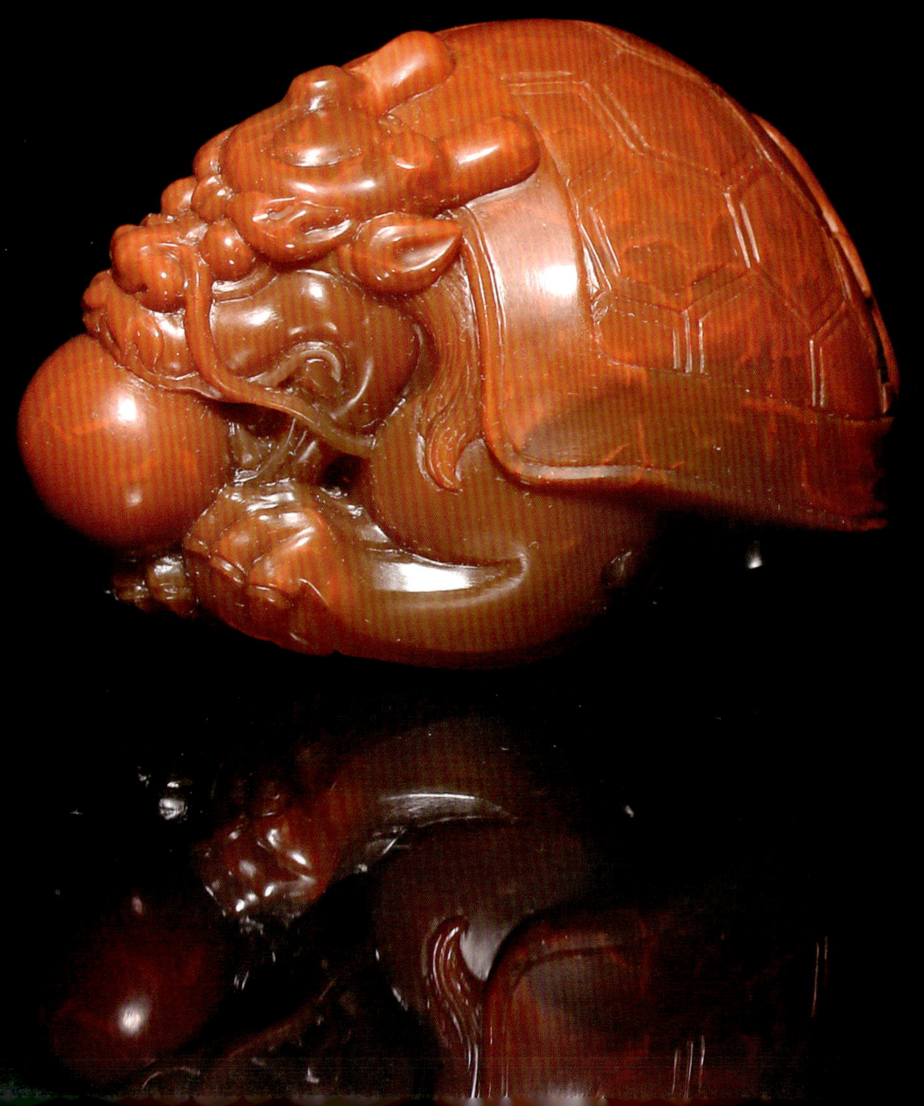

第一节

南红与红碧石

红碧石又称作乌石，俗称也叫“鸡肝石”或者“鸡肝玛瑙”，是一种南红玛瑙的伴生矿物。虽然是伴生矿，但红碧石与南红玛瑙的区别非常大，稍有南红购买经验的玩家都不会看走眼。

红碧石的特征为：质地发干、无油润度、不透光，表面缺乏光泽感，石质感强、无玉性。

如果将红碧石与南红玛瑙分开放置，我们很容易就能分辨出来。但市场上有一部分商家，将红碧石珠子与南红珠子（尤其是尺寸较小的珠子）掺杂在一起，因此，消费者在购买时需观察仔细。

↘红碧石质地发干、无油润度、不透光，与南红玛瑙有很大区别。

第二节

南红玛瑙与烧色玛瑙

有一种市面上常出现的仿冒南红叫作“烧红玛瑙”，这种烧色工艺很早就有，其原理是通过加温将青绿色玛瑙中的二价铁离子变成三价铁离子，玛瑙的颜色将由青绿转为红色。这种烧色玛瑙与南红玛瑙区别很大，烧色玛瑙质地水透，颜色轻浮发暗，有时因为烧造过程中受热不匀，珠体表面还会形成颜色深浅不一的烧斑，这与南红的特征极为不符。用强光手电观看其内部结构时，烧红玛瑙多见缠丝纹理，并无朱砂点状的结构，这种烧红玛瑙与真南红玛瑙不难区分。

还有另外一种烧红玛瑙，是利用浓硝酸一类的强氧化剂，将青绿玛瑙中的铁离子进行氧化，也会呈现出红色。其区分方法与加热烧红的玛瑙类似，只要足够细致地观察，很容易区分出来。

↘ 烧红玛瑙的红色偏暗，浮于表面，用强光手电观看其内部结构时，烧红玛瑙多见缠丝纹理，并无朱砂点状的结构。

↘人为烧制的玛瑙会产生火劫纹，图片上的珠子是经过人为过分加温后形成的火劫纹，将细若游丝的火劫纹放大了，视觉上有一种“开片”的感觉。

总之，烧红玛瑙的红色偏暗，有颜色浮于表面的感觉。从质感上，由于烧色红玛瑙是利用一些浅色玛瑙来加工，这类玛瑙通常没有南红玛瑙特有的胶感，通透度较高，玻璃感强，和温润的南红有着本质的不同。

烧红玛瑙的特点：

- 料脆，容易出现类似玻璃的崩口；
- 色闷，俗称死色，缺乏清亮感觉，无法达到真正纯正艳丽的红色；
- 显微镜下有细微的火劫纹，这是由于高温造成的。火劫纹有时通过肉眼不容易观察到，可以借助 10 倍放大镜进行观察，其纹理特征就表露无遗。

第三节

南红玛瑙与料器

料器是指用加颜料的玻璃原料制成的器皿或手工艺品。玻璃的主要成分为二氧化硅，与玛瑙相似，通常呈透明状，可经过染色变成各种颜色。

目前，我们市场中常见到的料器均出自河南地区，以此仿制的南红玛瑙乍看十分相像，工艺好的甚至可以将南红玛瑙两种颜色交织在一起的感觉制作出来，初涉南红领域的玩家很容易被骗。但料器与南红始终还是有较大区别，料器南红的特点为透光度较强、颜色死板、无胶质感，内部没有朱砂点状结构。

料器制作的南红玛瑙颜色死板，或过于明艳，或过于灰暗，很难做到恰如其分。并且，从结构方面来说，料器仿南红并无南红的结构纹理，有时还会出现气泡，视觉上也无胶质感。

第四节

人工染色南红玛瑙

市面上有一种假南红是用其他玛瑙染色制作而成的。有些玛瑙原石本身含铁元素较高，经过加热后变为红色，但多数玛瑙则不具此条件，所以要用硝酸亚铁溶液浸渍一个月后，再以硝酸钠浸泡约两周后，让其干燥，然后加热酸化处理，才可使其变为红色。

染色玛瑙在高倍放大镜下观察，能看到颜色沿晶体间空隙渗透，呈网状分布。染色玛瑙玻璃感强，无南红特有的油脂感。

↘ 染色南红玛瑙在高倍放大镜下观察，能看到颜色沿晶体间空隙渗透，呈网状分布，无油脂感。

Tips

◆染色南红玛瑙与烧色南红玛瑙的区别?

烧色南红玛瑙与染色南红玛瑙在方式上有一定的区别：烧色南红玛瑙是通过加温使玛瑙矿石中原本含有的铁元素氧化，从而表现出红色。而染色玛瑙则是使用富含铁离子的溶液浸泡，再通过一些化学手段加热、酸化，使其变为红色。

第五节

南红玛瑙的注胶工艺

注胶是近代开始出现的一种通过给南红注胶来加固其质地的南红优化方式。随着现代科技的发展，真空注胶在南红加工上也开始应用，近乎无色透明的环氧化树脂可以对绺裂较多的南红材料进行黏合加固的作用，经过这样处理的南红材料整体性很好，可以进行任何造型的玉器雕刻加工。但是由于进行了人工处理，它不再是单纯的天然宝玉石，收藏价值也就大大降低。

严格意义上来说，南红玛瑙的注胶工艺并不算是仿冒。天然南红玛瑙原石中有绺裂的情况，尤其是保山所产的南红玛瑙绺裂现象比较

进行了人工处理的注胶南红，收藏价值大大降低。

借助荧光手电，在荧光照射下，注胶南红的内部会形成透明的、细若游丝的线纹。

严重，在研磨珠子或者进行雕刻时容易炸裂，美观度大打折扣，因此，很多人采用注胶的手法使带有裂隙的南红玛瑙质地变得更为坚实。

通过注胶手法处理的南红玛瑙原石很容易区分，注胶后的原石表面会有一层透明的包裹体，触之胶感明显。而在雕琢成形后注胶的雕刻件内部会形成透明的、细若游丝的线纹，实际上就是胶在裂隙中凝固形成的。一般情况下，这种线纹较为平直，长度较长，一般贯穿的幅度较长，甚至贯穿整体。如果购买者用肉眼难以分辨的话，可以借助荧光手电，在荧光照射下，胶痕会变得清晰明显，十分容易辨别出来。

↘ 四川南红玛瑙冰飘料，巧色巧做，朱砂状结构清晰。

第6章

南红原石选购

南红原石购买收藏风险较大，不建议初级玩家购买或收藏南红原石。

第一节

无皮原石选购——看裂、辨色、掂量

南红无皮原石又叫明料原石，由于明料原石的品质可完全展现出来，因此，对赌石来说，明料原石比被石皮完全包裹住的原石风险系数小得多，在挑选这种无皮料原石时参照南红成品的挑选法则即可。

挑选无皮料时，遵循“看裂、辨色、掂量”的原则。

首先要看裂，以无裂者为优。挑选时需借助强光电筒照射原石内部，察看是否存在裂隙。作为普通消费者来讲，不建议大家选购带有裂隙的原石。

其次是辨色，可分别在自然光、阳光、灯光下观看其色彩，以颜色纯正、色调艳丽者为优。当然，原石由于没有抛光，粗糙的表面可能会对颜色的判断有一些误导，所以，建议大家在挑选时随手带一瓶矿泉水，将水倒在原石表面，其色泽将会更容易表现出来。

再次是称重量，同等品质下的原石，在体积相似的前提下，重量越大，品质越好。也就是说，密度相对较大的南红通常品质较好。

除此之外，从目前的市场情况来看，无皮原石的品质良莠不齐，而且来自各个产地。其中，以四川凉山地区出产的南红材料居多，这个产地的南红料通常外形不规整、绺裂较严重，虽然其中不乏颜色鲜艳者，但很难成器，不建议选择。总而言之，在南红原石的选购中，最值得我们关注的并非是产地，而是南红玛瑙本身的品质。

第二节

原石的打磨加工

由于南红的硬度较高，打磨起来有一定的难度，因此，打磨南红原石需借助专业的工具。对于无皮原料来说，打磨的关键是“修形”，也就是将不规整的外形修成比较规则的形状，这个步骤需要借助打磨机进行；对于带有石皮的原料而言，打磨步骤相对繁复一些，首先要借助打磨机将石皮全部磨掉，将赌石原料变成明料，然后再根据这块原料的品质进行下一步加工设计。

打磨原石主要利用砂轮片，依靠摩擦的力量将石皮去除，由于打磨时会产生大量的热量，因此，打磨原石时会使用类似医用点滴一样的滴水装备为原石进行水冷。这样做，一方面可避免因受热不匀使带有裂隙的原石沿着缝隙炸裂，另一方面可避免由于原石过热时手持不稳对原石或者操作者身体造成伤害。

借助打磨机将石皮全部磨掉

打磨原石时，会使用类似医用点滴一样的滴水装备为原石进行水冷。

第三节

赌石选购

南红原石多产自四川凉山彝族自治州，按照皮色大致分为铁皮料、风化皮料、红皮料和怪皮料四类；按是否开口及开口大小分为全赌料、小开口料和大开口料。

铁皮料

铁皮料南红的外皮犹如黑色铁皮，特点是皮薄、滑而乌亮、密度大、入手沉重，是南红原石中上乘的赌料之一，赌石的胜率高。挑选铁皮料南红原石时，以铁皮光滑、无裂、无坑洞缠丝、形状规整者为优。

铁皮料南红的原石外皮犹如黑色铁皮，形状规整者为优。

风化皮料

南红风化料原石外皮，指的是受到侵蚀、风化而呈现白色或黄色干土状的原料外皮，风化严重时，表皮呈粉末状。风化皮通常色质均一、完整度较高，但肉质普遍偏黄，风化皮厚的原石利用率较低。挑选时，以风化皮无断层、斑点、缠丝和坑洞为佳。

受到侵蚀、风化而呈现白色或黄色干土状的南红原料外皮。

Tips

有风化皮的原料是否说明它的时间长？

有风化皮的原料并不能说明其形成的年代早或者是时间长，只不过是因为矿层浅或者曝露在空气中的时间长，原石表面受氧化侵蚀较为严重，造成了风化皮的出现。这种情况与矿石形成时间无关，仅与矿石所处环境有关。

红皮料

红皮料，顾名思义为皮色整体呈暗红色，局部交织伴有红黄、红褐、红黑的一类南红原石。它是南红赌石中数量最庞大、赌性最大的一类石种。挑选红皮料，首先看料型，料型一定要规整；其次是皮一定要光滑，有坑洞的红皮料 90% 以上都有风险；最后，尽量选大开口的红皮料，降低风险。

怪皮料

除去上述三种皮色的其他皮色料子统称为“怪皮料”，怪皮料在川料南红中产量较少，如绿皮料、黄皮料，特点是体积普遍较小，赌性较大。

↘ 有坑洞的红皮料 90% 以上都有风险，赌石时尽量选大开口的红皮料来降低风险。

↘ 南红玛瑙中偶尔会有颜色呈现出红色系以外颜色的石材，但极为少见，此块南红肉质为绿色，但其他特征方面与南红玛瑙无异。

明料南红原石比带石皮的原石风险系数小得多

第7章

雕南红

玉不琢，不成器。在中国古代，很早便对玉石一类的材质进行雕琢，赋予了它们更加深刻的工艺价值。

第一节

南红的雕刻工艺

从文献记载看，历史中出现了大量的带有雕刻工艺的艺术品，其中，南红材质的雕刻件主要出现在清朝时期，其它时期的南红主要作为珠饰或者带有简单工艺的一些饰物出现。

由于南红质地适于进行雕刻创作，红艳的颜色符合中国人的传统审美，所以，南红雕刻艺术品受到了越来越多消费者的青睐，成为市场中炙手可热的新宠，下文就针对工艺技法做个简要的介绍。

说到南红的雕刻工艺，主要包括以下五种：

浮雕

浮雕是指在平面上雕出凸起的造型，是在平面上表现出立体层次

南红玛瑙雕刻螭虎挂件，此件作品选材考究，所选南红玛瑙通体艳红，质地凝重，色泽古朴。作品雕琢细腻入微，浮雕螭虎纹饰刻绘生动，线条刚劲，颇具古风。

的一种雕刻技法。浮雕是雕塑与绘画结合的产物，通过压缩的方式来处理对象，并只供一面或两面观看。根据表面凸出程度的不同，可分为“高浮雕”和“浅浮雕”，表面凸出程度大的称为“高浮雕”，凸出程度较小的称为“浅浮雕”。

圆雕

圆雕又称为“立体雕”，是指非压缩的，可以多方位、多角度欣赏的三维立体雕塑作品。圆雕强调雕件的整体表现，观赏者可以从不同角度看到物体的各个侧面。它要求雕刻者从前、后、左、右、上、中、下全方位进行雕刻。圆雕的手法与形式多种多样，有写实手法、装饰手法、具体手法与抽象手法等。

南红玛瑙雕刻龙龟挂坠，作品由圆雕手法雕刻而成，刻绘龙龟题材，整体气势恢宏，颇具古风。

↘南红玛瑙雕少女挂件，作者匠心独运，以晶冻的通透雕琢少女的面庞，完美的体现出纯洁晶莹的美感，又用玛瑙天然之艳红勾勒发丝，少女刻画恬静，纯净而不失浓艳，颇为精美。

透雕

透雕是在浮雕的基础上镂空其背景部分。透雕大体分为两种：

一种是在浮雕的基础上，镂空其背景部分，有的为单面透雕，有的为双面透雕，一般而言，有边框的称为“镂空花板”。

另一种是介于圆雕和浮雕之间的一种雕塑形式，也称凹雕，镂空雕。

前一种创作出来的作品更趋近于平面，仅是通过镂空的手法将背景中的一部分剔除，更为突出主题，常见于挂坠、牌子一类的雕刻艺术品中。而凹雕创作出来的作品则更像深浮雕作品，更具有立体效果，通常利用大量的镂空技法，将景色、人物更好地突显出来，使整幅画面前后有别，远近有致，更具层次感，这种手法则通常见于体积较大的陈设类艺术品当中。

线雕

线雕，一般指使用凹线和凸线作为造型手段的石玉雕刻或青铜器纹样雕刻。在骨器上进行线刻是原始社会雕刻的萌芽，也是最早的雕刻品种。

线雕的形式在以往的玛瑙玉石雕刻应用中并不多见，这是因为常规的玛瑙质地较脆，易出现崩口的现象，但南红材料材质细腻，油性佳，在创作的过程中能够以线雕工艺进行雕刻。

巧色俏色

“巧色”“俏色”是南红玉雕制作的一个重要表现手法。在古代，玉器制作的过程中，玉雕师们为了保留玉石上的颜色，而尽量运用巧色工艺将其巧妙地运用在雕刻的题材中，使其看上去不但不会被称为

南红线雕仿古纹饰作品（琢境藏品）

↘本件作品颜色俏丽鲜红，金鱼雕刻生动传神，作者巧借石色雕刻白莲于作品中心，可谓匠心独运，构思巧妙，勾画出一幅金鱼嬉戏于莲花池中的生动景象。

是瑕疵，反而能使制成的玉器独具特点、更加生动。随着工艺技术的发展以及人们审美能力的提高，在巧色工艺的基础上升级形成了俏色玉雕技法。俏色玉雕的最大特点在于不仅可将原料丰富的颜色保留下来，更能利用不同的颜色将其所要表达的主题更鲜明地展示出来，使它成为整件玉雕作品中的亮点。

“巧色”是巧妙运用玉石材料自身的颜色，“俏色”是依照一块原料中颜色的不同来设计作品，在巧色的基础上将颜色的鲜艳之处俏丽地体现出来，使原料的不同颜色被应用得恰到好处且惟妙惟肖，使天然的色斑在雕件中发挥点石成金的作用。“俏色”是中国玉雕工艺的绝活，现已成为玉雕行业的专用名词。

第二节

南红的题材内容及寓意

南红玛瑙是时下非常常见的一种雕刻材质，由于其颜色红艳，色彩寓意吉祥，深得广大消费者的喜爱，南红玉雕的主要作品表现为人物、花鸟走兽、山水、玉牌、器皿等。

南红玉雕人物

南红玉雕人物通常采用圆雕技法，需注意人物身体的比例关系以及面相，行内称之为“开脸”。开脸的处理是刻画人物个性、气质的关键，能表现出人物生动的表情、眼神。身段和衣褶线条是表现人物体态的重要内容，雕刻时要做到“动静相生，简凡得宜”。

↘ 南红玛瑙雕刻京剧人物，此件作品以传统国粹为题材，却并未直接雕琢脸谱，巧设布局，营造了“犹抱琵琶半遮面”的朦胧效果，以别致的视角将人物刻绘出来。

↘南红玛瑙莲花牌，本件作品上半面颜色红润鲜艳，下部分晶莹剔透，作者巧借石材本色，雕以莲花，花瓣晶莹欲滴，含苞待放，纯洁无瑕。

不同的南红玉雕人物所刻画的重点不同，侍女需飘逸唯美、含蓄典雅；童子喜庆欢乐、表情稚气；佛造像端庄稳重、肃穆庄严；神话人物、文人学士等题材要体现出人物的个性特质。

南红玉雕花鸟走兽

南红玉雕花鸟走兽以写实手法为主，也常作为人物、风景的陪衬出现，题材广泛。花草应安排得错落有致，玲珑而生动，飘逸而清雅；飞禽走兽要灵动自然，不失动感；神话动物要体现出霸气而不邪恶的气势。

南红玉雕山水

南红玉雕山水所表现的题材内容丰富，在工艺技法上继承了玉雕中的浮雕、圆雕、透雕等传统雕刻技法。需注意整体作品的构图结构，要求层次清楚、章法合理。在有限的创作范围内表达出足够的空间感，制作过程中要符合透视的一般规律，主题突出，玉料颜色运用巧妙。

南红玉牌

南红玉牌通常以浅浮雕为主，要求作品底板平整，行内也称之为“底子”，也就是玉牌最底部的平面。一般规则玉牌应注意对称性，叙事题材玉牌还需关注空间感、透视感等。

南红器皿

南红器皿，器皿在南红玉雕作品中较为少见，其中又以随形器皿

↘南红玉牌以浅浮雕为主，底板平整。

↘南红玛瑙观音，此件作品颜色艳丽、石色自然。作者功法细腻，刻画观音造像双目低垂，开脸圆润，神态慈爱祥和，庄重典雅。整体画面布局充盈，雕琢与材质相得益彰，十分难得。

为主。雕刻重点主要在于体现其造型设计的庄重性，纹饰布局的合理性，器盖和器身的密合性。

南红玛瑙雕刻题材中，常见的几大类为：佛教造像、禅意主题、仿古纹饰、吉祥瑞兽等。雕刻者利用不同南红的特征，因材施艺，无论是满色满肉的南红还是冰飘料，若与优秀的工艺结合总能相得益彰，使其艺术感倍增，更具赏玩价值。

⊙ 观音

佛教界称观音菩萨是“大慈大悲”“救苦救难”“普度众生”的菩萨，寓意是逢凶化吉和送子送福，是中国信众最为崇拜、最受欢迎的

↘南红玛瑙雕刻燃香现佛挂坠，此件作品胜于作者巧妙的构思，作者并没有雕琢整身佛造像，而以燃香为信，烟雾缭绕中引出佛陀真身。

一尊菩萨。观音闭目冥想，洞察仙机，普度众生，排忧解难，手持宝瓶，“瓶”谐音“平”，保平安顺利。“观音”谐音“官印”，象征官爵高升、仕途通达，是古代文人书生最为敬重的菩萨。

⊙ 笑佛

大肚能容，容天下难容之事；开口便笑，笑世间可笑之人。大肚弥勒佛的宽容、大度、静默可化解种种愁绪。人们为了保平安、送祝福，佛像成了传递美好愿望的使者，大家对于佛像也是充满的敬意，因此，佛像制品层出不穷，现在，每个人的身上几乎都佩戴有佛像类型的饰品，佛像成为人们心目中平安的代名词，拥有一件佛像饰品，就意味着伴随一份安康。

⊙ 龙、凤

龙在古代是皇室御用的图案，现代人们把它视为英勇、权威的象征，也是吉祥之物，寓意祥瑞吉庆、天成富贵。若佩戴于身，则表达了以中正之心等待天降大任的一刻，其吉祥纳福之意不言自明。

凤是人们心目中的瑞鸟，天下太平的象征。古人认为，时逢太平盛世，便有凤凰飞来。除此之外，凤凰也是中国皇权的象征，常和龙一起使用，凤从属于龙，用于皇后嫔妃。“龙凤呈祥”是最具中国特色的图腾。

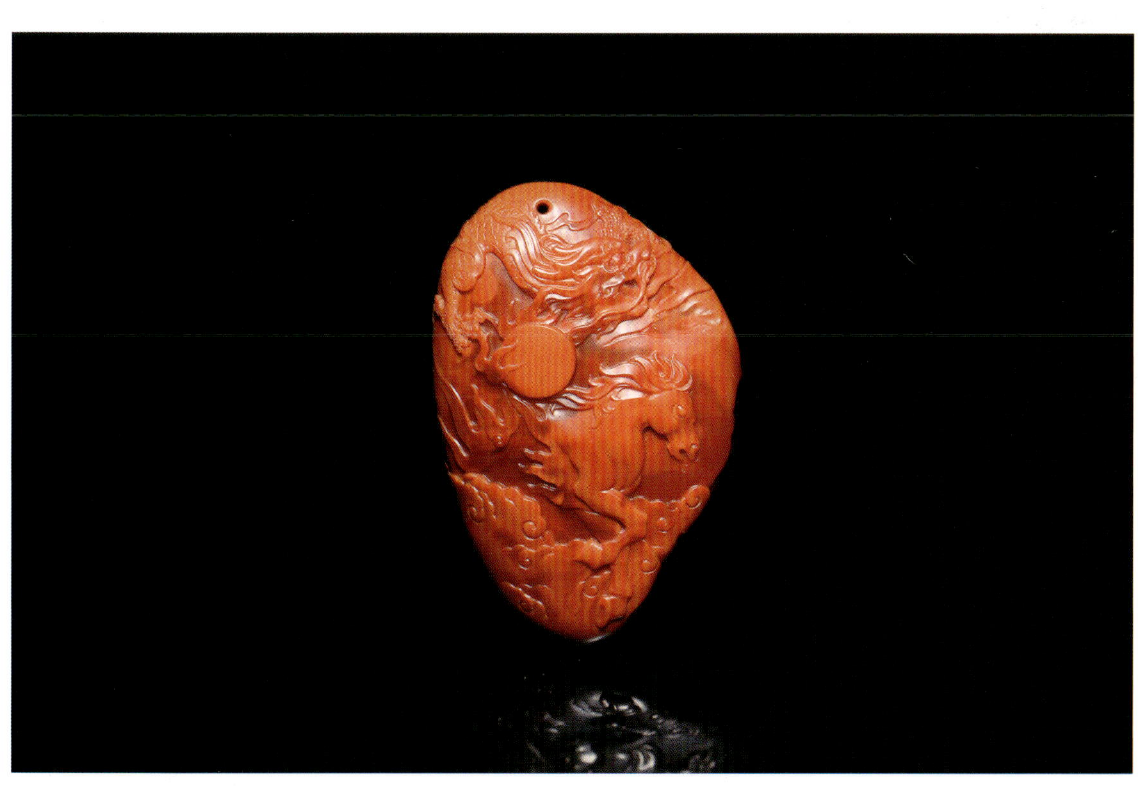

南红玛瑙雕刻龙马精神挂件。此件作品通体颜色红艳，质感凝重古朴，功法细腻，刻绘龙马生动威猛，龙身穿梭云间，贯穿作品前后两侧，似破图而出，极为庄严大气。

⊙ 貔貅

《礼记》记载，貔貅是一种猛兽，是古代五大瑞兽之一，称为招财兽，雄性为“貔”，雌性为“貅”，独角的能辟邪，双角称为天禄，即天赐福禄之意，但是，流传到如今的貔貅大部分为独角且不分雌雄。现在也有成对出现的貔貅作品，人们为了取其成双成对的美好寓意，按照“男左女右”的传统观点，也经常进行雌雄的区分，一般雄貔是左爪向前爬，而雌貅是右爪向前。有一种说法，一对貔貅中，雄的招财，雌的守财，雄的是财富，雌的是财库。

↘南红玛瑙雕刻貔貅挂件，作者利用石料天然颜色巧妙设计，粉色隐于吊坠两侧，貔貅顶部及背部留一轮艳红，两种颜色相互映衬，使得作品整体立体感十足。

传说，貔貅是龙生九子的第九子，大嘴，以财为食，貌似金蟾，披鳞，甲形如麒麟，吞万物而不泄。貔貅可聚宝招财，寓意“大嘴吃四方，只赚不赔”。现代艺术作品中，把这种充满神秘感的神异动物诠释得有声有色，并且有一种超于凡间的飘逸感，观之令人过目难忘。

竹子题材雕饰手链

⊙ 竹子

现代人借苏轼“可使食无肉，不可居无竹。无肉令人瘦，无竹令人俗”的诗句来体现佩戴竹题材饰物的人有格调、有高雅的品味。另外，竹子还象征着正直、长寿、幸福。

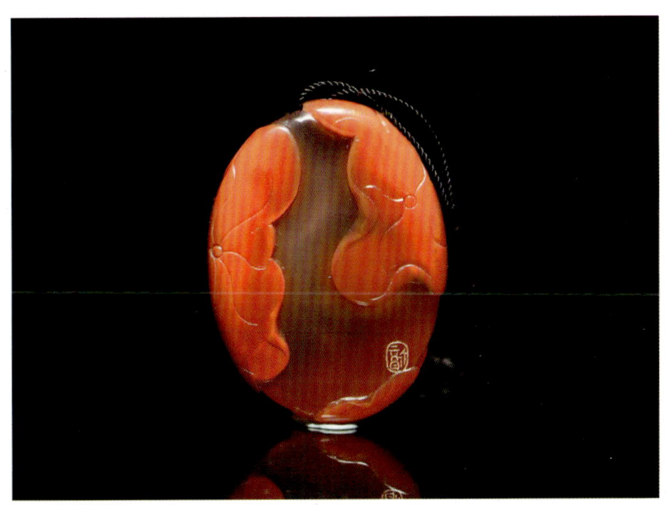

荷叶题材雕件

⊙ 叶子

叶子一般寓意着事业平步轻云。叶子图案常与如意和貔貅搭配，搭配如意象征着事业如意，搭配貔貅象征着生意兴隆、招财进宝。

⊙ 平安扣

平安扣又称“怀古”，是远古传流下来的佩饰。平安扣如其名，寓意平安吉祥、护身辟邪。

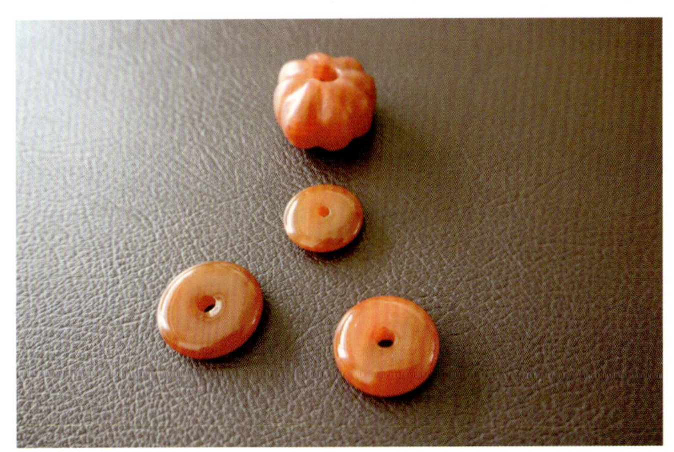

平安扣题材佩饰

⊙ 如意

据有关资料记载，玉如意题材的作品早在东汉时就已出现，在清朝时，它成为了宫廷的珍宝之一。它的造型是由云纹、灵芝做成头部衔接一长柄。如意雕件的造型非常多，有传统长条状的如意把玩件、摆件，也有各种吊坠、配饰，这些都基本保留了云纹和流畅曲线这些主要特征。最初的“如意”一说由古代的“搔仗”演变而来，当时人们用它来搔手触不到的痒处，可如人之意，故名“如意”。如意是玉雕件中较为特殊的制品，是我国传统的吉祥之物。

如意题材雕件

⊙ 鱼

在中国传统首饰中，鱼的造型、纹路被应用得很多，不仅生动有趣，洋溢着对生活的热爱，并且寓意美好，是吉祥、富裕、夫妻恩爱、爱情幸福、前途美好和幸运的象征。商代的玉佩中就有了鱼的造型，唐代规定五品以上官员都得佩戴鲤鱼形饰品，以明贵贱，且佩戴时“鱼符”于腰部。正因为鱼形的寓意丰富美好，在如今的首饰中也是依然受到欢迎的常见题材。 鱼是“余”的谐音，因此，人们用鱼形来寓意“年年有余”“吉庆有余”等。鱼直接对应了人们追求富裕、吉庆、福气的心理，含义是处处得利、生活幸福。

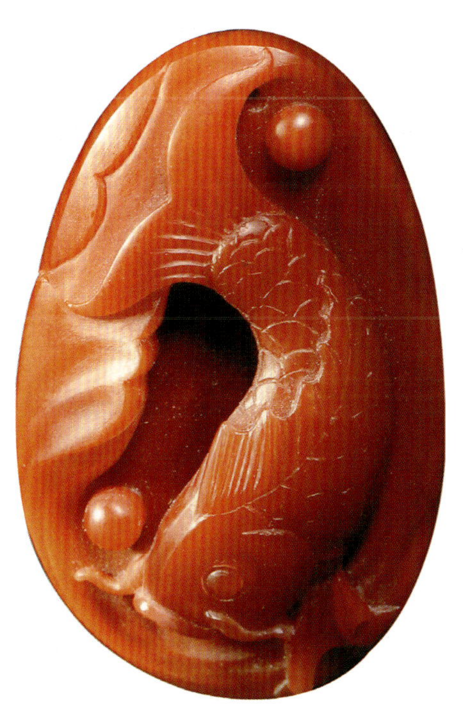

南红玛瑙雕刻金玉满堂挂件，作者选取柿子红加玫瑰红的双色石料加以巧妙设计，以柿子红石料雕刻金鱼，天然石纹好似水波，又以玫瑰红雕琢荷塘小景，整幅画面布局层次分明，颇具意境。

↘满肉满色南红雕件，雕工细腻讲究，值得收藏。

⊙ 金蟾

金蟾的形象在中国由来已久，一直以来，由于金蟾美好的寓意，各种金蟾造型的制品出现在人们身上、宅中。金蟾是招财的瑞兽，它主要的寓意就是财源滚滚，根据这一寓意，各种金蟾的造型大多与金币、元宝相配。金蟾的寓意有招财进宝、镇宅、驱邪、旺财、锦绣前程等。

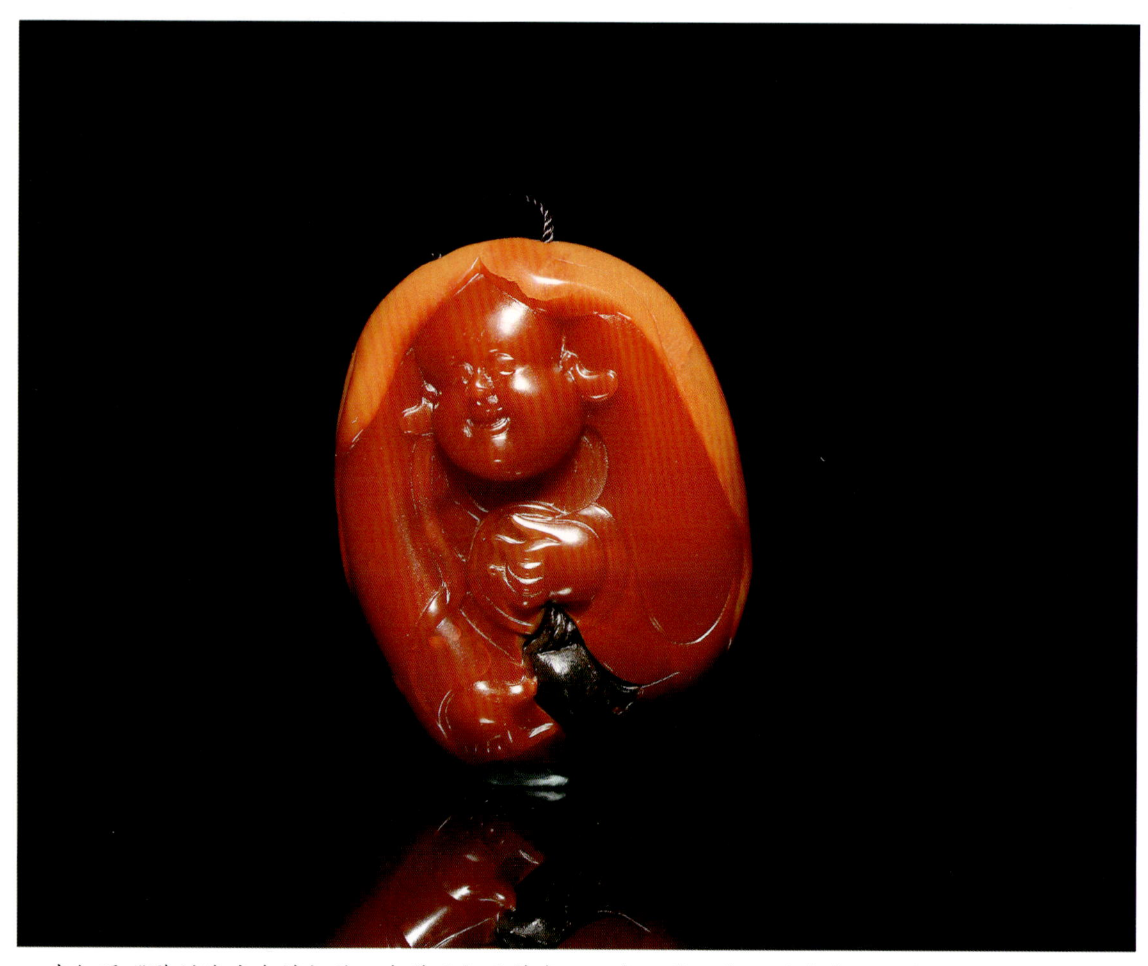

↘ 南红玛瑙雕刘海戏金蟾把件，本作品极具特色，三色巧雕而成。刘海身形天然而成，人物开脸饱满，神态泰然自若，线条虽简洁但画面感极强。

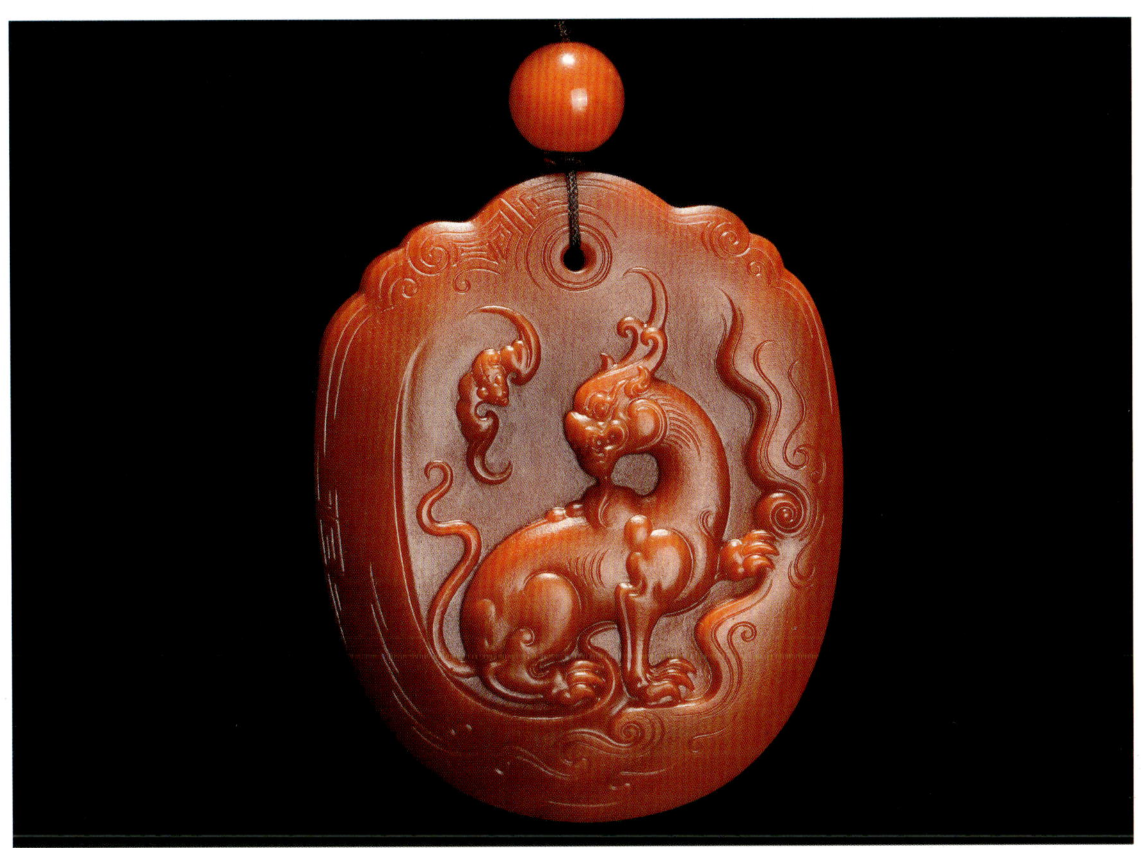

麒麟题材雕件，有镇宅、驱邪之意。

⊙ 麒麟

麒麟，亦作“骐麟”，简称“麟”，是中国古籍中记载的一种动物，与凤、龟、龙共称为“四灵”，是神的坐骑。古人把麒麟当作仁兽、瑞兽，它是仁慈之兽，惩奸除恶，有镇宅、驱邪之意。

南红玛瑙雕刻饰物中，吉祥寓意的题材十分丰富，在此不一一列举了，消费者可根据自身喜好进行选择，工艺方面则可参照前文中描述的工艺内容。

第8章

市场升温品种：战国红

战国红丰富的纹理变化为其增添了不少姿色，成为了近年来深受玩家喜爱的一个品种。

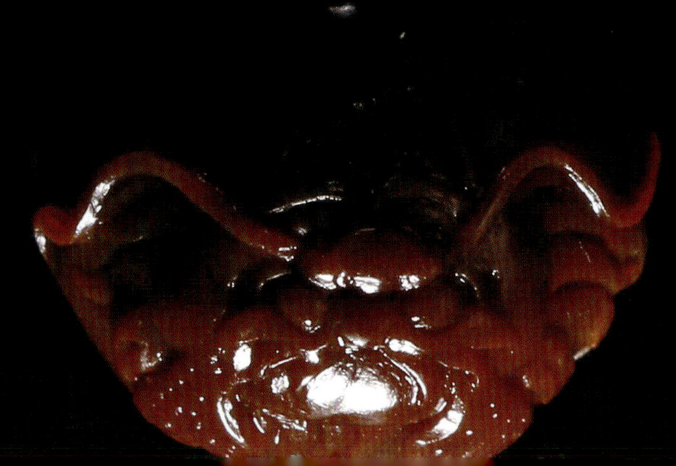

第一节

战国红是玛瑙吗？

战国红属于缟玛瑙的一种，由于多数以红色为主，因此也称为“红缟玛瑙”，其主要成分为二氧化硅。“战国红”这个名称的由来无从考证，但并非是指战国的红玛瑙，确切地说，它与战国时期没有丝毫关系。目前，市场上能见到的战国红来自两个产地：一是产自辽宁阜新与朝阳的交界处，这种战国红称为“北票料”；另一种产自河北省宣化市，称为“宣化料”。这两种战国红玛瑙，在外观上几乎没有区别，均以红、黄两色为主，期间交织缟状纹理，但相比较而言，宣化料的色彩更加艳丽、丰富，原石呈现出结核状或球状，经常会出现水草花，与水晶共生的现象较多，这种战国红适宜制作成珠饰，而不太适合进行雕刻，原因在于雕刻中晶冻部分很难保存完整，极易掉落。

战国红加工的工艺样式多样，从大小不一的摆件到印章、挂坠、各式配珠等均有涉列，根据不同的尺寸大小、不同的色泽，价格也从几万元钱到几元钱不等，挑选空间大。

战国红缟状纹理

↘战国红水草花

Tips

缟状纹理：指在玛瑙肉质上出现的缠丝纹理，这种纹理具有一定的层次感，通常呈现出半透明或不透明的状态，是战国红中最常见的纹理之一。

水草花：战国红玛瑙中出现的纹理之一，因红黄相间的交织纹理中酷似水草枝叶的造型而得名。

晶冻：与战国红矿石伴生的水晶晶体，这些水晶晶体被称为“晶冻”，也有将其称为“冻料”或者“青肉”的。晶冻在战国红中较为常见，为战国红增添了透光性，使战国红具有更多的变化，为之增色不少。

第二节

战国红玛瑙的挑选

对于战国红玛瑙的挑选，很多人都会钟情于色彩浓艳、纹理丰富的战国红。从颜色的角度来说，战国红颜色丰富，大多数为红黄相间的色彩，以红色最为常见，黄色次之，白色鲜有。有些战国红带有晶冻，晶冻与战国红本身的颜色相互交织，呈现出独特的美感。

挑选战国红与挑选其他玛瑙类材质的艺术品一样，需遵循“材质完好、无绺裂，质地细腻润泽、具有石质光泽感者为佳”的挑选通则。无论是珠饰还是雕刻类艺术品，外形一定要完整，带有晶冻的部分不能有缺损。前面简述了战国红玛瑙的挑选通则，下面我们再根据不同类型的战国红玛瑙说一下挑选的方式。

对于雕刻类的战国红艺术品而言，通常不选用纹理过于繁复的战国红，颜色最好为单色，这样更容易突出主题。

战国红玛瑙的艺术加工形式与南红玛瑙类似，主要加工成珠子、雕件与摆件，从北京的文玩市场情况来看，珠子占战国红玛瑙市场份额的绝大部分，雕件与摆件均次之。从消费者接受程度上来讲，战国红玛瑙目前并没有南红玛瑙接受度高，但在战国红的产地，尤其是北票地区，战国红的雕件、挂件较为普遍，也深受当地消费者的关注，可能是地域区别造成了这种关注方向及程度的差异。尽管如此，战国红在北方地区乃至全国受关注的程度也越来越高，战国红玛瑙的价格较南红玛瑙而言较低，具有更大的价格上涨潜力，自 2014 年起，这种上升的势头已经表现出来。战国红玛瑙走势的问题我们稍后再言，先言归正传说挑选。

↘战国红玛瑙原石，北票料，原石中带有晶冻，绺裂较多，缠丝纹理明显。

战国红手串的挑选

战国红玛瑙颜色丰富多彩，纹饰多样，千变万化。我们按照颜色、尺寸、质地的顺序来说一下战国红珠子的挑选。先说颜色，战国红玛瑙中以红黄两色交织居多，但交织的好坏、颜色的浓淡以及手串珠子整体颜色是否一致，这些都会影响战国红的价值。战国红手串大体上分为以下几类：

第一类，用散料拼凑而成的手串。这种手串的特征是每一颗珠子的颜色相差很大，纹饰也有明显的差异，没有整体感，视觉上感觉杂乱。这种拼凑手串大多取材于碎料，可能一块小料只能出一颗珠子，所以整体性差，但是成本较低。这类手串在市场上最常见，价格低廉，不具有收藏价值，升值空间也较缓慢。但这种手串中偶有直径较大的满黄色珠子或者好品相的珠子出现，有时会有“小漏”可捡，当一整

↘战国红散料

↘ 战国红玛瑙，北票料，同料手牌。此件作品以红色为主，带有缠丝缟状纹理，整体颜色整齐划一。

条手串的价格不高时，有时会为一颗珠子而将整条买下，虽然其他的珠子品质都不好，但确实算是“捡漏”了。

第二类，同料战国红。所谓同料是指整条手串均取材于同一块原料，这种手串的特征是，每颗珠子颜色和纹饰都非常近似，拥有较高的统一性，视觉效果也比较好，所以，同料的战国红手串价格也较高，具有一定的收藏价值。

即便都是同料，颜色的不同也会引起价格的差异。通常来说，色泽明艳的正黄色价值较高，偏红或偏黑的要差一些。如果是红色与黄色交织的情况，就要看交织得是否均匀，交织漂亮的价值更高。此外，同料的战国红玛瑙手串制作过程中损料严重，需要很大的一块原石才能做出来。这是因为，战国红原石与南红山料有些类似，原材中裂隙严重且时常伴有晶冻。并且，战国红原石赌性较高，石皮较厚，有时体型很大的一块原石中真正可用的石材并不很多，这也是同料战国红玛瑙手串价格昂贵的原因。

第三类，普通的战国红玛瑙手串。这是市场上最常见的品种，相对价格较低，普通的战国红手串也有颜色上的区分，最常见的是以红色调为主的手串，价格便宜，单珠的价格通常在10元至100元之间。其次是珠体上带有正黄色的战国红，其含有正黄色越多价格通常越贵，虽然战国红玛瑙的名字中带有个“红”字，但实则消费者对正黄色更为认可，价格也就越高。

↘战国红手串最常见的是以红色调为主

第四类，颜色及纹理特征明显的战国红玛瑙，最为名贵的是天然形成的缠丝与闪丝纹饰的战国红。

带有缠丝纹理的战国红，珠体上清晰地展现出红黄丝相间纹饰，交织均匀，属于战国红中比较名贵的品种；还有一种带有闪丝的战国红玛瑙更是难得，闪丝是指在缠丝纹理中间夹带着透明晶冻，这种晶

↘战国红玛瑙，北票料，红黄相间，珠体中带有晶冻。

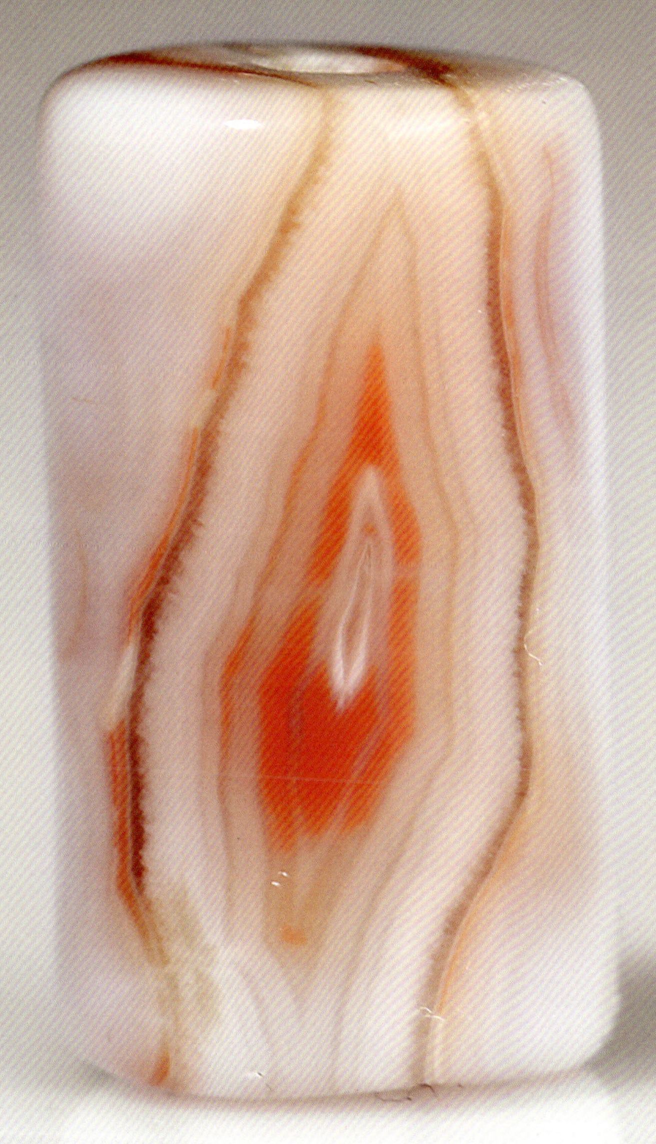

↘战国红玛瑙，北票料，此珠通体为白瓷色，巧色红色缠丝，呈“眼睛”纹饰，较有特点。

冻使得每条丝纹都颇具立体效果，视觉上形成闪动的感觉，因此得名。闪丝极为难得，若能凑成手串则价格不菲，属于极具特色的一个品种。

从尺寸方面来说，战国红玛瑙与南红玛瑙类似，基本上符合“尺寸越大，价格越高，越值得收藏”这样的一个市场规律，通常直径在18mm以上的珠子就比较有收藏价值。当然，尺寸也是一个辅助因素，其价格主要还是依靠战国红玛瑙的颜色及纹理特征来决定的。打个比方，一条同料的10mm的珠子远比一条普通料的20mm的珠子更有价值，因此，尺寸在挑选战国红中只是起到一个辅助参数的作用。

再说一下关于战国红玛瑙的产地对其价格的影响。从目前的市场情况来看，北票产地的价格基本上要高于宣化产地的价格，有时单颗珠饰的价格相差几倍，有些甚至能相差十倍之多。有一些偏激的战国红玛瑙爱好者只承认北票料为战国红，宣化料（也称作蒙料）即使有

↘战国红玛瑙，北票料，同料圆珠手持。珠体缠丝明显，通体颜色以红色为主，纹理美观，但颜色稍逊。

↘战国红玛瑙，北票料，此戒面通体黄色。文中提到，战国红玛瑙中以黄为贵，因此，从颜色上讲，此戒面较有特色。

出众的颜色也不被认可。当然这仅是很小一部分爱好者的看法，但市场上确实存在北票料比宣化料更受欢迎的现象。

实际上，战国红的产地问题不能决定藏品质量的优劣，主要还是得根据藏品具体的品质来进行筛选。

下面再总结一下关于战国红玛瑙珠子的挑选：

❶ 要以无矾无裂为基础，矾芯也称作水晶芯，指的是非满肉结晶体的部分。水晶与玛瑙伴生，矾芯是十分常见的现象，虽然有的矾芯形状很有特点，但在挑选时还是要尽量避免。

❷ 选择手串时，最佳选择是同料战国红手串，颜色以红黄分明为佳。

↘战国红宣化料巧色巧做达摩挂件。此件作品黄色明艳，与黑色底色呈现明显反差，表现感更为强烈。

↘战国红玛瑙，北票料，此件物品红黄缠丝纹理明显，交织漂亮，是战国红玛瑙中较为优质的纹理。

❸ 在同料的基础上，珠体颜色中含有正黄色的为佳，并且正黄色越多越好。

❹ 缠丝与闪丝是极具特色的战国红玛瑙纹饰，较为稀少，同时也有很高的收藏价值，喜爱纹理特征的消费者可以考虑。

❺ 依靠拼凑而成的战国红手串并非不可选，但一定要有充分的特点来掩盖非同料的不足，颜色上尽量靠近正黄色，并且以珠体直径较大者为优。

战国红雕件的挑选

战国红玛瑙质地细腻，近年来有不少雕刻者以此为材进行艺术创作。实际上，战国红玛瑙兴起伊始，其雕刻作品也应运而生，两者几乎是相伴而生的。但从目前大多数市场的情况来看，体型较大的战国红玛瑙雕件并没有受到市场青睐，相比之下还是战国红玛瑙珠子更被市场认可。究其原因，有很大一部分爱好者认为，战国红纹理多变，颜色丰富多彩，并不适合作为雕刻材质使用，他们认为对战国红的雕琢破坏了战国红原料的天然之美，尤其是带有缠丝的料。并且，这种天然纹理丰富的战国红玛瑙雕琢后也并不美观，绚丽的纹理往往夺走了消费者对工艺美感的审视，会让整件作品看起来非常繁乱。因此，市场上大多数的战国红玛瑙雕刻作品都是利用纯色料或者带有晶冻的材料制作而成的，这样既保护了纹理的天然之美，也将不适合做珠饰的材质利用了起来。

战国红玛瑙，宣化料，巧色巧雕挂件，宣化料中多见纯色原料，相比缠丝较多的材质而言，这种原材雕琢出来的作品更具观赏性。

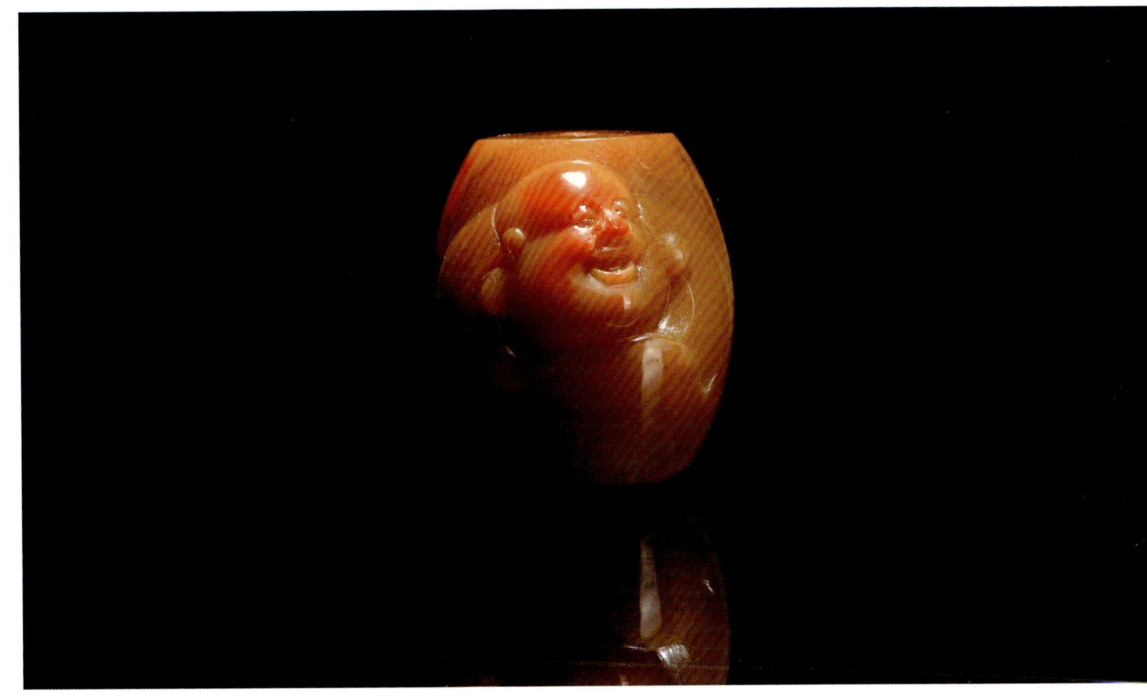
以黄为主或红黄兼备的战国红雕件是首选

说起战国红玛瑙的雕件，就不得不提到雕刻工艺。与南红玛瑙情况不同，雕琢战国红玛瑙的作者大多是阜新人，也就是说大部分是北方工。这使得战国红雕件呈现出豪放粗犷，在细节处理及意境塑造上不及南方工细腻；其次，战国红玛瑙与其他材质的玉雕作品有所区别，巧色巧做非常困难，非尽心竭力，选材考究，难以实现。另外，战国红玛瑙质地特殊，大量的伴生晶冻使得大部分作品难以采用立体圆雕和镂空雕。如果绺裂较多，将加剧雕刻制作过程中的风险。因此，结合战国红玛瑙材质上的特点，挑选战国红雕件有以下建议：

其一，选质地。从料质上说，润度是第一位的。从色彩上说，以黄为主或红黄兼备的雕件是首选。现在很多战国红玛瑙的雕刻作品也都效仿南红玛瑙的雕刻，大多在冻料玛瑙上作文章，在选择时应以浅色为佳，冻玛瑙色彩过深或有杂质会影响整体作品的美感。

其二，看形体。受原料绺裂较多的限制，战国红大多数是小件，即使是把件大小的战国红在市场上也不多见。物以稀为贵，那些体型较大的雕件尤为珍贵，升值空间也较大。

其三，挑题材。题材可谓是雕刻作品的精髓，无论是哪种题材，主要是看主题与料本身的结合程度，也就是要符合“因材而工”的原则。作为一件艺术品，选题巧妙、因材施技会最大限度地提升艺术品的水准。

其四，品雕工。一件优秀的雕刻作品一定要将独到的设计和精湛的工艺结合起来，有独特 设计的作品，即便工艺程度上略有不足，其艺术价值也会高于那些死板的“行活”。因此，我们在评判雕工时，要更多地去考虑艺术性，而不能一味地追求细致。

本件作品题材文雅，取唐诗《小池》里“小荷才露尖尖角，早有蜻蜓立上头”为题材，别具新意。

↘战国红玛瑙，北票料念珠，颜色交织较为均匀，红色调为主。

第三节

战国红的市场行情走势

近年来，市场上出现了大量的战国红，由于其价格较南红玛瑙便宜，材质优于普通玛瑙，因此，逐渐被玩家热捧。战国红刚在市场上出现时，价格较低，但随着其市场认可度的提升，价格也随之上涨，尤其是在战国红的产地辽宁阜新一带，其价格颇为昂贵，其中品质较佳者的价格已经接近南红玛瑙。

战国红玛瑙的市场情况与南红也十分接近，但相比之下，由于战国红的历史没有南红玛瑙那么深厚，市场热度也没有南红玛瑙那么火热，从目前战国红的市场情况来看，其主要用来制作珠饰、印章、挂牌等体积较小的饰物，偶尔用于雕刻摆件等大型艺术品，产区主要集中在辽宁阜新地区，其他地域较为鲜见。战国红珠饰因颜色、纹理不同，单个价格主要集中在几十元到几百元之间，多作为配件使用。总体来讲，战国红玛瑙目前的价位不高，但具有一定的升值潜力。

不少玩家对战国红持有“偏见”，认为它是南红的仿冒品或者替代品，其实这种看法是不正确的。从材质来看，两者同属玛瑙，南红色泽纯粹、质地细糯，战国红颜色艳丽、纹理变化丰富，两者各有千秋。从投资性来看，目前战国红的价格虽然比刚刚进入市场的时候高出许多，但与南红玛瑙及一些其他半宝石类藏品相比，价格上仍有一些差距，还有一定的上升空间。一些业内人士认为，南红玛瑙市场价格的提升势必会带动战国红价格的增长，因此，战国红玛瑙具有一定的投资收藏价值。

战国红路路通项链，北京博仁国际拍卖有限公司 2015 年 3 月 8 日拍品，成交价百元左右。

↘战国红珠饰因颜色、纹理不同，价格主要集中在几十元到几百元之间，多作为配件使用。

第四节

当下流行的其他玛瑙品种

阿拉善玛瑙

阿拉善玛瑙产自阿拉善盟，地处内蒙古自治区最西端。阿拉善玛瑙晶莹剔透、色彩绚丽，呈半透明状。阿拉善玛瑙又称“戈壁玛瑙”，因其独有的天然色彩而闻名，它的色彩极为丰富，有红、黄、白、蓝、紫、灰等颜色，绚丽多彩、造型奇特。

阿拉善玛瑙原石，此种为阿拉善玛瑙中的象形石，酷似一位打坐之人。象形石多受到奇石爱好者的青睐，具有充分想象的空间。

↘阿拉善玛瑙颜色多种多样，表面质地纹理更是丰富多彩，得到了许多消费者的青睐。

↘阿拉善玛瑙原石，石体上有眼状纹饰，有的爱好者也称为“带眼”阿拉善玛瑙。

↘阿拉善玛瑙手串，此种阿拉善玛瑙从色泽上来讲，属于阿拉善玛瑙中较为常见的品种，市场价格在 300 元到 500 元之间。

由于早些年粗放式开采模式和廉价销售，阿拉善玛瑙的数量也日渐稀少。同时，由于缺少雕刻者雕琢，无法对阿拉善玛瑙进行深加工，造成大量资源浪费。近几年，阿拉善玛瑙受到了越来越多赏石爱好者的青睐，价格也上涨了几十倍。阿拉善玛瑙的颜色内敛稳重，质地细腻，虽然价格已经走高，但产量不大，目前值得藏家入手。

在选择阿拉善玛瑙时，除了选择俏色巧雕的玛瑙之外，天然的象形玛瑙也是阿拉善玛瑙的一大投资要点。阿拉善玛瑙是奇石收藏中门槛最低的一种，因其产地的特殊性，其表面的光泽和丰富的颜色是很难仿造的。

缠丝玛瑙

缠丝玛瑙，也称缟玛瑙，是指表面呈丝带形式相间缠绕的玛瑙。色带相间，细如游丝，因此得名。缠丝玛瑙的产地一般在国外，巴西、印度、马达加斯加、乌拉圭等地。缠丝玛瑙的色彩搭配丰富，例如，红白相间，蓝白相间，黑白相间。

缠丝玛瑙多被制作成珠饰，其他艺术题材较为鲜见。在古珠中，缠丝玛瑙管珠是较为常见的品种。在挑选时，缠丝玛瑙的优劣评判方式主要是看丝纹交织的情况，以均匀者为优。此外，还有一种缠丝玛瑙，天然纹饰形成了一种酷似眼睛的纹饰，行内称作“带眼”缠丝，此种纹饰比普通纹饰认可度更高，这种带有独特纹饰的玛瑙珠通常被店家挑选出来单独售卖，价格从几十元到几百元不等。

战国红玛瑙，北票料，同料。此条手串为八棱形，珠体纹饰红黄缠丝，带晶冻，缠丝纹理明显，较有特色。

↘四川南红玛瑙九口料戒指一组（琢境藏品）

实战篇

投资收藏南红，最不可失的就是好心态，既要有好眼力，也要保持好心态，否则就会失了『玩』的乐趣。

第9章

南红的投资与收藏

近年，南红玛瑙在市场上呈现出炙手可热的势头，受到了收藏爱好者的普遍关注，其价格更是一路飙升，尤其以品质中上者涨幅速度最快。

第一节

为什么南红值得投资？

南红玛瑙虽然产量不少，但品质佳者亦属少数，再加上购买者众多，其涨幅程度大实属必然，因此，适合投资收藏的南红玛瑙艺术品其品质要保证中上乘，一些品质欠佳、价格涨幅不明显的南红玛瑙就不适合用于投资、收藏。比如，质地较水、有细微裂隙的南红珠子，在 2009 年前后购买时，一颗的价格大约在 30 元至 50 元，目前来看，市场上花这个价格仍旧可以购买到，价格几乎没有涨，这样的南红制品就不适合做投资使用。

从目前的市场情况来看，选购哪一种南红玛瑙艺术品更具投资价值呢？这是一个因人而异的问题。目前，南红玛瑙的市场已经非常火热，这种热潮到底能够持续多久？是不是还有强烈的增长势头呢？

投资性南红玛瑙的品质要保证中上乘，这样的南红才具备升值空间。

↘四川南红玛瑙包浆料，作品巧用石皮，图中可见红褐色铁质石皮。

从历史上来看，人类对南红玛瑙的使用有着悠久的历史，经过几千年的文化变迁，南红玛瑙今天仍旧活跃在收藏市场上，这足以证明它材质本身的魅力经得起时间的审视。因此，南红玛瑙拥有作为投资收藏品的历史背景和基础。但从其作为艺术品的地位来看，古代的南红玛瑙多作为游牧民族的珠饰出现，与代表贵族身份地位的和田玉相比，虽然南红玛瑙身份并不如和田白玉那样显赫，但是，大多数中上乘南红艺术品的价格却更为普通收藏爱好者所接受。尽管近些年南红的价格一直呈现上涨的趋势，但一件南红雕刻精品的价格仅在 5 万元到 10 万元之间，中上乘的雕刻品更是不在少数，与一些“天价”的艺术品相比，是属于比较接地气的收藏品。由此可见，南红玛瑙拥有广泛的爱好者与购买者，这也为其价格的上涨做了必要的铺垫。

从南红玛瑙本身的材质来看，虽然市场上贩售南红的商家比比皆是，但它毕竟是一种不可再生的资源，这便符合了作为投资性质收藏品的另一个必要条件——“稀缺性”。也就是说，质地、颜色等综合条件能够位列中上的南红玛瑙产量是有限的，就此来看，南红玛瑙依然具有一定的增长空间。

第二节

南红投资收藏三要素

从南红的投资收藏角度看，要遵循三要素：

第一，材料的质地。从投资角度来讲，质地越好涨幅越大；

第二，颜色。色调明艳的南红玛瑙才具有投资的价值；

第三，题材。体积较小，直径在 15mm 以下的珠子几乎就不具备投资性，通常体积越大的珠子的原材料越难得，投资价值较高，但总体来说，珠子只是饰物，称不上是艺术品，较工艺精湛的雕刻件来说，投资性仍旧略差。

直径在 15mm 以下的珠子几乎就不具备投资性，通常体积越大的珠子，原材料越难得，投资价值较高。此组南红珠子尺寸较小，集中在 8mm 至 14mm 之间，绺裂杂色严重，质地发水，尽管价格十分便宜，甚至不够磨制珠子的加工费用，但仍不适合买来投资。

第三节

如何投资南红玛瑙?

谈完理论上的看法，再结合实际来说一下，我们究竟应该选择什么样的南红玛瑙作为投资性收藏品呢?

首先，对于玩家来说，不建议大家选购原石。这是因为囤积原材料进行投资，其见效非常快且收益很可观，但这样的囤积风险较大，主要包括三方面风险：

❶ 材质价格不稳定。任何用于艺术创作的材质都有这样的风险，随着市场的波动，价格也会有所变化，因此，囤积原料的投资者需要对市场极为了解，并且有成熟的下家接货，这点对于普通玩家来说很难实现。

不建议初级玩家选购原石进行投资，风险较大。

↘ 若是想选择南红珠饰进行投资，尽可能选择直径大于 15mm 的。此珠，色泽艳红，料大，极为少见。

❷ 原料品质优劣难辨。作为普通玩家而言，能够辨别成品、正确判断其市场价格就已经不易，对于原石的辨别及价格把控实在略显困难。原石的尺寸大小、绺裂程度甚至形状都决定了价格的不同，相似大小的同产地原材料很可能就因为一点细微偏差就造成价格上的区别，作为普通玩家很难把控。

❸ 囤积原材料需要大量的资金，囤积原料的商家一般都是成吨囤积，作为普通玩家根本无法实现。

其次，对于玩家来说，建议选择个大且质地色泽俱佳的南红珠饰来投资。南红玛瑙珠饰可以说是市场上最为常见的南红产品，购买者众多。但珠饰的艺术性较差，并且体积相对较小，相对容易获得，其

↘此件南红玛瑙作品由刘伟利创作而成，作品选材优质，满色满肉，毫无瑕疵。本身的材质价值加上名家创作的工艺价值，将使得整件艺术品价值倍增。

价格涨幅通常不会很大。但也正因其受众较多，市场需求量较大，因此，品质上乘的南红珠饰仍然具备一定的投资价值。

什么样的南红珠饰品称得上是品质上乘呢？

❶ 质地、颜色俱佳的南红珠饰；

❷ 直径 15mm 以下的珠子过小，不适合购买，最好选择 18mm 或者 20mm 左右的珠子，过大过小均不适宜。

最后，建议玩家选择工料俱佳的雕刻类南红艺术品进行投资收藏，挂件或者摆件均可。行内总说“好料配好工”，因此，一些工艺精湛的雕刻品其选料也是十分考究的，很适合投资收藏。从目前市场情况来看，由于翡翠、和田玉等材质的艺术品市场紧缩，很多雕刻名家都开始雕琢南红玛瑙，有许多大师亲工的艺术品都十分具有投资价值。原因有四点：

❶ 名家工艺本身价值就逐年上涨，尤其是亲工制作的艺术品，名家工作室的作品次之；

❷ 南红玛瑙本身的材质价值加上名家创作的工艺价值，将使得整件艺术品价值倍增，往往比单纯收集原料增值速度要快很多；

❸ 名家作品数量有限，往往一年能创作出 3 件到 5 件就算是丰产了，因此，这些名家作品在市场上绝对是紧俏类的收藏品；

❹ 雕刻类艺术品受到收藏市场上的普遍认可，受众较多，作为投资收藏有着变现容易的特点。

↘108 颗南红手串，质地较为通透，带有纯净的气质，适合年轻女性佩戴。

第10章

南红的保养法则

南红玛瑙属于较为“皮实”的一类收藏品，其结构紧实，密度较高，通常不容易受到外部的侵蚀。最佳的养护方法就是经常把玩与佩戴。

南红玛瑙属于宝石类的奢侈品，许多人不知道如何保养，下面我们就说一下南红玛瑙的保养知识：

不要与硬物碰撞，避免掉落，不佩戴时应收藏在质地柔软的饰品盒内，置于手中把玩时也应当尽量避免磕碰，尤其是带有雕工的南红玛瑙，更需注意此点。

要尽量避免与香水、化学剂等液体接触，以免南红玛瑙表面光泽受到侵蚀，影响玛瑙的鲜艳程度。

佩戴一段时间后，要养成对南红玛瑙清洁的习惯。我们正常佩戴南红玛瑙一段时间后，在珠子的孔道中或者带有雕工的凹凸纹理中会存有污渍，长时间不清理会影响整件艺术品的美感。因此，每过一段时间就应用柔软的牙刷清理一下，这样不但可以保持整体美观，也有助于上包浆。

南红玛瑙珠子的保养要注意对孔道中污渍的清理

↘玛瑙遇热会膨胀、会爆裂，要远离高温。

注意避开热源，如炉灶、电暖气等。因为玛瑙遇热会膨胀，分子体积增大会影响玉质，持续接触高温，还会导致玛瑙发生爆裂。

南红玛瑙要保持适宜的湿度。尤其是带有一点暗裂的南红，长时间的干燥会导致裂隙加重，因此，每隔一段时间最好把玩一下或者用淡盐水刷一刷，这样可以起到很好的保湿作用。

长时间不佩戴时，需将南红玛瑙妥善存放。有些人建议涂抹白凡士林来养护南红，实则不妥。白凡士林干燥后会在艺术品上留下白色痕迹，加上油性较大，再次把玩时感觉油腻粘手。如果藏友有用油脂类试剂养护艺术品的习惯，那么建议用硅油少量涂饰。

↘ 对于初级玩家来说，不必一味追求锦红色南红手串，只要材质佳，无裂痕，颜色挑选自己喜欢的便可。

第11章

赏南红

有人喜爱巧色巧雕，有人偏爱满色满肉，有人喜爱保山南红的奇货可居，也有人偏爱川料的浓艳色泽。以产地作为区分标准，不同产地的南红原料有着不同的美感。

第一节

保山南红赏析

保山南红产自云南省保山市，是南红开采历史最悠久的产区，出产品种全面，有水料南红、山料南红和少量火山南红，其中主要以山料居多。

保山水料南红：质地细腻，透明度较佳

保山水料南红相对发掘量较少，矿床属残积、坡积、洪积和冰川堆积型。这类南红原石距原生矿近，虽受外界环境的自然剥蚀及泥石流、雨水和冰川的冲蚀搬运，但自然加工磨损的程度有限，这和金沙江料受周围大规模水流冲刷形成的水料有一定区别。

外形： 保山水料南红的外形无尖锐的棱角状态，表面较为光滑，常带有蜂窝状坑洼表面，块度较大。

↘此件保山南红仿古杯，表现为红白色，是保山南红常见的色彩之一。

↘保山山料南红质地细腻、紧密，但绺裂较多。

质地：保山水料南红质地细腻、紧密，透明度较佳，有较好的胶脂感，但是其完整性差。

颜色：保山水料南红多呈现为粉红、锦红、朱砂红和红白色。

保山山料南红：油脂感强，绺裂较多

保山南红以山料为主体，是距今为止发掘量最大的产区。原生矿床产出，以爆破为主要采集方式。

外形：保山山料南红外皮呈不规则棱角块状，块度较大，原矿有围岩伴生。

质地：保山山料南红质地细腻、紧密。材质微透，有较好的油脂感，绺裂较多。

颜色：保山山料南红的颜色一般以粉红、锦红、朱砂红和红白色为主要颜色，在以往出产的山料中罕见紫红色。

第二节

凉山南红赏析

凉山南红原生矿产地目前已经探知的有五处，多集中在凉山自治州美姑县与昭觉县交界处 2000 米— 3900 米高的山区地带。这里是黄茅埂山脉，出产南红原矿矿点大体分布在黄茅埂山北段的瓦西、中段的合姑洛乡和农作乡、南段的九口等地。产矿地带是较为典型的火山爆发后形成的地质地貌，出产南红原矿的地段与其他地段在地貌以及土壤上有明显不同。这个地区地形复杂，交通极为不便。开采时，大型挖掘设备无法使用，基本以人力挖掘为主，这让南红的开采相对来说更细致，损毁性小。

目前凉山南红的主要产地有以下几处：

❶ 洛莫依达乡（联合）一带：位于美姑县境南端，是发现较早的凉山南红产地，在地表及靠近地表的浅层有南红矿石蕴藏。这里虽是

四川凉山玛瑙手串，市场参考价 2000 元左右

凉山较早的南红发现地，但因其完整度不高，其出产的南红在收藏界知名度并不高。

❷ **九口乡一带：**位于美姑县城西南。该坑口为著名的凉山南红出产地，出品的南红品质最好、完整度高、颜色红艳、润泽性和油脂性俱佳，最受收藏界认可。

❸ **瓦西：**位于美姑县境东部，该坑口是凉山南红产地中开采条件较差的一处，出产的南红颜色丰富、体积很小，500 克以上的原石出现几率很低。

❹ **庆恒乡（乌坡）：**位于昭觉县境东北部，该坑口是 2011 年上半年开始挖掘的新坑，少有外地人涉足。此地出产的南红颜色较均一，以红艳纯正为多，出产体积较大的材料。

凉山地区的南红出产地大多在海拔 2000 米— 3900 米的高山峻岭中，气候条件差，常年多雨雪。每逢雨季经常发生泥石流、滑坡等自然灾害，每年只有雨雪少的秋冬季便于上山采挖南红，运输极其困难。只能靠人背马驮，凉山南红的产状主要以火山南红的形式为主。火山

↘ 四川南红玛瑙九口料，满色满肉

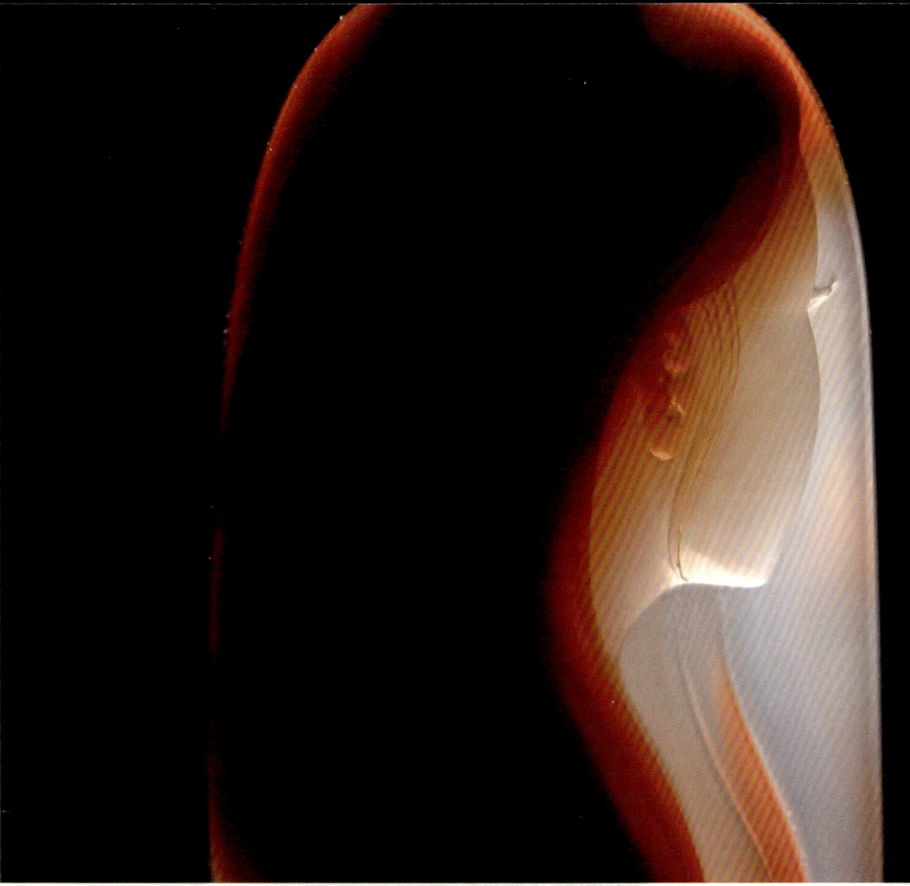

↘凉山南红细腻润泽、有脂感、柔和、微透明，以颜色纯净、油脂感佳、杂质极少的锦红和玫瑰红最为昂贵。此件作品以明艳玫瑰红色交织纯洁通透的晶冻部分而成，巧用石色，极为精致。

红的特征可从外皮、外形、体积、质地、颜色等方面进行考察。

外皮：有外皮的玉石，行业里称为“璞”，外皮是火山南红的重要外观特征，呈褐色至铁黑色，是高温氧化而成，去除这些表皮才能得到美丽的南红。

外形：凉山南红的外形以形状较圆顺的造型为主，形状看上去和马铃薯很像。

体积：凉山南红都是块状的，体积一般不是很大，较大者一般在几斤到十几斤，几十斤的甚为罕见。

质地：凉山南红细腻润泽、有脂感、柔和、微透明，是南红中的上品。

颜色：以颜色纯正艳丽者为最佳，有粉红、玫瑰红以及红色系颜色相混的缟红，其中以颜色纯净、油脂感佳、杂质极少的锦红和玫瑰红最为昂贵。

第三节

金沙江南红赏析

南红金沙江料是近几年才逐渐被认知的，产地主要集中在四川省宜宾市境内金沙江流域的河道之中。金沙江料以卵石状水料为主，原石经冰川、泥石流、洪水等冲刷顺流而下，堆积于河道之中。这种南红材料由于较分散，不便开采，基本是靠人工捡拾，产量少。近些年，随着宜宾上游水利设施的修建，对河床、河道影响较大，造成该地区的南红水料日渐稀少。

金沙江南红特征是透明度较好，有一定的脂感和很好的朱砂纹理，颜色多为粉紫色、粉红色、红色，体积较小，质地细腻润泽。

外皮：金沙江水料南红通过外皮可直观看到材质本身的颜色。其中，有一部分材料有明显的冲击纹和风化纹。

"指甲纹"是玉石料被磕碰、撞击及在一定风化作用下在表面形成类似被指甲掐过的弯曲裂痕，是水料中比较常见的表面特征。

↘金沙江南红有类似金红的颜色，属于南红中的上品。（图片提供　蜀玥轩）

外形：金沙江水料南红的原石属于冲击型、洪积型玉石材料，亿万年来由于受水流的长期冲刷，相互碰撞、摩擦，再加上暴露在河床之中被风化剥蚀，逐渐形成了鹅卵石状，外表光滑无棱角，这种南红料多出自于山间河流的中下游地域。

体积：金沙江南红水料基本上都是块状的，其体积一般相对较小，大若蚕豆者居多，分量一般都在几克到几十克之间，上百克的南红水料颇为罕见。

质地：金沙江南红水料的质地有很明显的油脂感、微透明，完整度高。

颜色：金沙江南红水料的颜色主要有锦红、粉红、玫瑰红、红白等色，以粉红、浅玫瑰红为主。金沙江南红中也有类似金红的颜色，属于南红中上品。

金沙江南红水料虽块度较小，但完整度高，在玉雕设计加工中有较高的利用率。然而，因其块度小的局限，其材料主要用来制作成珠子和小挂件，难出现收藏级重器。

↘南红人物挂坠，白色巧雕成脸部，红色为头部，颜色运用十分巧妙。

附录

南红收藏圈术语

在购买南红时，经常会听到卖家或者圈内玩家讲到一些术语，为让广大初级爱好者不至于发懵，迅速了解南红市场状况，现将南红的一些约定俗称的术语简单介绍给大家。

⊙ 满肉

满肉是描述南红玛瑙无水晶、矿点和缠丝等杂质的情况，它是衡量一件南红玛瑙有无杂质的常用术语。其中具体有满肉柿子红、满肉玫瑰红、满肉柿子红夹玫瑰红、满肉冻肉等。只要有水晶、矿点或者缠丝等任何一种杂质，都不能将这样的南红称为满肉。

⊙ 满色

满色是描述南红玛瑙红色完整程度的常用术语，具体有满色柿子红、满色玫瑰红和满色柿子红夹玫瑰红等。一件南红玛瑙只要具有除红色系以外的（如无色、透色、黑色和白色等）其他颜色都不能称为

Tips

A 级南红与 B 级南红如何分辨?

满肉与满色通常在一起使用来形容高品质的南红玛瑙产品，如果一串南红珠饰是满肉满色柿子红，那么基本上就可以将其归为 A 级品质南红，如果是满肉满色柿子红夹玫瑰红则可归为 B 级品质南红。

“满色”。需要注意的是“满色”不是“纯色”，除非是满色柿子红或者满色玫瑰红才是纯色的意思。

⊙ 冻肉

冻肉是近年南红玛瑙市场上比较流行的术语，就是指高结晶的浅色南红玛瑙。特点是细腻、透明或半透明、胶质感强，似果冻。冻肉有多种颜色，常见的有荔枝冻、白冻和柿子冻等。

荔枝冻：顾名思义，此类冻肉如同剥开的荔枝，呈现出洁白的半透明状。特点是透明程度高、通体洁白无杂色，给人冰清玉洁的感觉。

白冻：此种冻料与荔枝冻相似，透明程度相对要低一点，色泽洁白。

柿子冻：柿子冻则像是在透明的白色中加入了些许红色，通常与柿子红、玫瑰红等色泽伴生在一起，像是满色的南红玛瑙中带有一点透明的晶冻，颜色从背景中渗透过来。

冻肉常与柿子红、玫瑰红伴生，经过大师的巧妙构思和雕刻，常常会有意想不到的效果，极具个性，为广大藏家所喜爱。

↘四川南红玛瑙九口料，满色满肉。

⊙ 水晶石

水晶石是南红玛瑙的伴生矿，南红玛瑙中出现水晶意味着杂质的渗入，品质大大降低。水晶石最大的特点就是无胶质感、发白和发干，类似冰碴的感觉。

⊙ 红白南红

红白南红玛瑙是南红玛瑙中比较有特点的品种，是红色玛瑙和白色玛瑙一体同生，形成明显分层。白色部分瓷实、细腻，红色部分颜色均一。红白南红玛瑙较稀少，高品质的红白南红玛瑙往往可以和同品质的柿子红或玫瑰红南红玛瑙的市场价值相提并论。

⊙ 缠丝南红

缠丝南红玛瑙，从广义上来说也是红白南红玛瑙的一种，只不过是红色玛瑙和白色玛瑙分层密集，截面形成白色和红色互相缠绕的丝线状，这种南红玛瑙目前的市场价值较低。

⊙ 柿子红南红

柿子红南红玛瑙整体呈现柿子红色，是市场认可度最高的南红玛瑙。满肉满色的柿子红南红玛瑙比较稀少，目前市场价值已经很高了。

⊙ 玫瑰红南红

玫瑰红南红玛瑙整体呈玫瑰色，高品质的玫瑰红南红玛瑙只在四川省凉山地区出产，特别以美姑县瓦西乡的最为出名，比柿子红南红玛瑙更稀少，市场价值正在大幅提升，广大玩家或者藏家遇到价格合适的一定不要错过。

⊙ 火焰红南红

火焰红南红是川料南红玛瑙中最具特色的品种之一，因其纹理酷似火焰而得名，主要包括玫瑰红火焰红南红玛瑙和柿子红火焰红南红玛瑙，其中以颜色艳丽，火焰纹形象者为上品。目前市场上品相好的

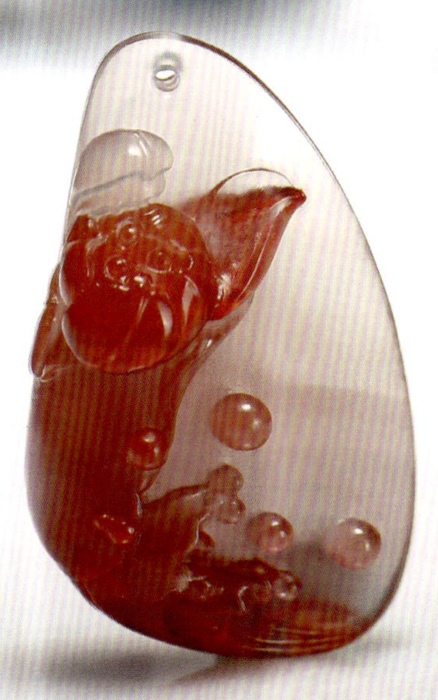

↘四川南红玛瑙冰飘料，纯净通透。

火焰南红玛瑙产量少，具备一定收藏价值。

⊙ 缟红南红玛瑙

缟红南红玛瑙是指深浅不一的红色交织在一起的南红玛瑙。换言之，我们常说的柿子红夹玫瑰红、火焰红南红玛瑙也可称为“缟红南红玛瑙”。这类南红玛瑙在川料中最为常见，由于色彩纷繁，适合加工成珠子等文玩配饰。

⊙ 冰飘南红

冰飘南红是指冻肉南红玛瑙中分布着规则或者不规则的红色朱砂带。这种南红玛瑙以其飘逸剔透的特性受到广大年轻女性喜爱，目前的市场价格不高，一条品质较好的冰飘南红项链大概 1000 元左右。

⊙ 草花南红

草花南红是指冻肉南红玛瑙中含有草花图样的朱砂或者其他矿物，这种南红的特点是多裂、草花图案丰富且意境较好，目前，它的市场价值比较合理，而体积较大的高品质草花南红较稀少，值得收藏。

南红玛瑙龙龟把玩件，此件作品选材厚实，以满色满肉南红玛瑙为材，施以雕工刻绘龙龟造型，作者刀法精巧，所作造型威严古朴，适合把玩或案头陈设。